로맨스보다 예술

로맨스보다

예술

세 여자의
예술
이야기

✕

이운진
김윤선
강미정

소월책방

일러두기

* 단행본은 『 』, 시·음악·미술작품은 〈 〉로 표기했습니다.

* 인명·지명 등의 외래어 표기는 국립국어원 규정을 따르는 것을 원칙으로
  하였으나 용례가 굳어진 경우에는 통용되는 표기를 따랐습니다.

우리의
다정한
약속

　　그곳은 감은사지의 환한 그늘 속이었다. 우리는 아주 오랜만에 고요한 봄빛에 고단함을 녹이는 중이었다. 눈앞에는 초록 윤슬이 바람결을 따라 일렁이고 있었다. 물이 아니라 풀잎 위의 반짝임을 보는 순간 영원에 속하는 무언가를 이곳으로 가지고 온 느낌이 들었다. 연두를 지난 풀잎들이 넓게 펼쳐진 들판을 보며 아무 말 없이 즐거웠던 것이다.

　　우리는 그곳에서 꼼짝 않고 여러 팀의 관광객들이 차례로 왔다가 떠나는 것을 보며 작은 목소리로 소소한 이야기들을 나누었고 더 작은 목소리로 아픔을 말했다. 그게 전부였지만 세상의 냉기는 조금 가시는 듯했고 말을 담고 있는 마음은 가벼워지는 것 같았다. 이윽고 그늘이 더 넓어져서 윤슬이 조금 남았을 때, 우리는 그곳에서 이미 작은 일을 공모한 뒤였다.

이 책은 그렇게 시작되었기에, 초록 윤슬과 바람이 부추기고 우리가 응답한 결과물이라는 생각이 든다. 천삼백여년의 시간을 지켜낸 탑의 그림자 속에 앉아 우리는 우리 삶의 작은 이야기들을 다시 생각해보기로 한 것이다. 그 중에서도 우리가 의지하는 소중한 것, 즉 예술이 우리의 삶 속에 조용히 남긴 흔적들을 찾아보자고 했다. 그 흔적들은 분명 각자의 시간 속에서 감정이 되어 가라앉았을 테니 그 자리를 다시 들여다보자는 게 그날 우리의 약속이었다.

정치나 역사, 지구의 환경 문제와 같은 거대한 목소리 사이에서 그림 한 점, 음악 한 곡, 책 한 권의 속삭임은 무척 사소하고 대수롭지 않게 보인다. 게다가 누구도 우리에게 이런 이야기를 해달라고 부탁한 적이 없다. 하지만 이런 예술적인 작은 이야기들이 모여 나를 풍요롭게 만들었다는 사실은 결코 부인할 수가 없다.

물론 예술은 고단한 삶에 맞서 우리를 보호하지도, 재앙을 막지도, 불의를 멈춰 세우지도 못한다. 한 마디로 세상을 바꾸고 세상의 불안을 완전히 종식시킬 능력 같은 건 없는 것이다. 그럼에도 우리는 예술을 믿는 사람이고 예술을 통해 작은 이야기를 계속 하는 사람들이므로 각자의 소중한 흔적들을 꺼내보기로 했던 것이다. 속이 뻔히 들여다보이는 설교보다 한 줄의 문장, 소설 속 주인공의 한 마디, 그림에 담긴 침묵이 더 많은 것을 알게 해 주었으니까 말이다.

　창밖으로 몇 개의 계절이 바뀌는 것을 보며 글을 쓰는 일은 예상보다 훨씬 즐거웠고 따스했다. 내 안에서 가장 오래된 감정이 불려나오고, 잊힌 얼굴들을 다시 그려보게 하고, 부끄러워 감춘 사랑의 단면마저 따뜻하게 비춰주었다. 그로 인해 인생에 각인된 여러 장면들. 그 의미가 단숨에 드러나진 않았어도 삶에 중요한 이정표가 된 예술적 순간들과 예술에서 얻어진 어떤 교훈으로 인해 가장 평범한 일상조차 풍부해졌던 기억들이 차례로 선명해지는 경험을 했다. 그 많은 이야기들 중에 기억이 스스로 긴 시간의 실타래를 풀어 글로 엮어 준 것들이 원고가 되었다. 직접 말하지 못한 감정들도 우리 각자의 방식으로 배경이 되고, 숨결이 되고, 침묵이 되어 이 책 어딘가에 남아 있을 것이다.

또한, 이 시간들을 통해 우정의 마음을 확인할 수 있었던 건 이 책을 쓰면서 얻은 또 한 가지 선물이라는 생각이 든다. 조금씩 쓴 원고를 서로 나눠 읽으며 우리는 이십여 년을 만났어도 제대로 알지 못했던 것들을 글 속에서 마주했다. 그 사람의 내면 풍경을 만든 것이 무엇인지, 뿌리가 내려진 깊은 상처가 어딘지도 조금 엿볼 수 있었다. 그리고 알았다. 우리에게, 그리고 누구에게든, 각자의 마음에 남은 예술적 순간들은 중요해서가 아니라 절실해서였음을.

바깥세상의 유행이 무엇이든, 미련스럽고 우직하게 자신만의 방에서 글에 매달린 세 여자에게 예술은 끝나지 않는 연애와 같은 것인지도 모르겠다. 예술은 누구와도 나눌 수 없는 고독한 마음을 가장 조용한 방식으로 받아주는 연인이었으니까. 그래서 우리 곁에 아무도 없던 때에도 예술의 손만은 잡고 있었으니 그나마 조금 덜 외로웠고 조금 더 이해할 수 있었을 것이다. 그런 우리의 태도가, 우리가 처음 예술 작품을 만났을 그때의 열의와 조바심, 확신이 뒤섞인 마음들이, 온기가 되어 전해진다면 정말 바랄 것이 없을 듯하다.

　여전히 눈앞에 일렁이는 그날의 초록 윤슬과 바람처럼, 세상이 빚은 아름다움들이 다시 우리를 살게 하는 기척이 될 수 있기를. 지금보다도 더 많이.

2025년 가을을 맞으며

이운진

차례

이
운진

경남 거창에서 태어나 1995년 시인이 되어 작품 활동을 시작했다.

시집 『저녁 잎사귀처럼 알게 될 때』, 『톨스토이역에 내리는 단 한 사람이 되어』, 『타로 카드를 그리는 밤』, 『2월의 눈은 따뜻하다』를 비롯해 청소년 시집 『셀카와 자화상』, 디카시집 『당신은 어떻게 사랑을 떠날 것인가』를 펴냈다. 산문집으로는 『여기, 카미유 클로델』, 『시인을 만나다』, 『고흐씨, 시 읽어 줄까요』, 『세상에서 가장 아름다워질 너에게』가 있다.

감정을 오랜 시간 꺼내 놓지 못하는 사람, 대신 문장으로 말하는 사람. 그래서 시와 에세이를 쓰고, 무엇보다 책 읽기를 좋아하는, 가만한 마음의 아웃사이더이다.

조 용 필
과
카 르 멘

일 년 내내 음악 소리가 들리지 않는 집. 오로지 음악을 듣기 위해 라디오를 켜거나 카세트 플레이어에 카세트테이프를 넣는 일이라곤 없는 집. 그런 집에서 자라면 유행가가 무엇인지 음악이라는 것이 어떤 힘이 있는지 심지어는 예술이라는 단어를 말할 기회조차 생기지 않는다. 시간이든 돈이든 마음이든 여유가 많은 사람들, 고상한 척하려는 얄팍한 허식의 사람들이 듣는 게 음악이라고, 보이지 않는 이상한 세뇌를 받고 자라면 음악의 그림자와도 스칠 일이 없다. 그런 곳에서 음악은 정말 다른 세상의 것이니까.

그런데 어느 날, 그런 배경의 집에 사건이 일어났다. 우리나라에서 개최하는 최초의 아시안 게임과 최초의 올림픽을 앞두고 전 국민이 힘을 모으던 때. 대한민국의 중산층이라면 전축 세트 하나쯤은 있어야 한다는 게 묵시적인 유행이었던 시절. 엄마가 의논도 예고도 없이 수십 개월 장기 할부로 전축을 들여놓았으니 이건 선전포고만큼의 위력이었다. 텔레비전이나 신문에서도 전축 광고가 빈번했던 때였다고는 해도 엄마 방의 한쪽 벽을 다 막아버린 인켈 전축 세트는 에펠탑의 상징에 비길만한 것이었다. 옛날식 한옥이라서 네모반듯한 거실이 없던 집이었으니 2미터에 가까운 검고 커다란 보물의 자리는 마루 끝방인 엄마 방뿐이었을 테고, 그렇게 전축의 방이 만들어졌다. 음악이 전혀 흘러 본 적 없던 집에.

전축이라는 건 카세트 하나를 넣는 기기와는 규모와 격이 다른 존재였다. 양쪽으로 달린 스피커는 이해하겠는데 온갖 기계들은 다 무엇인지. 노래 하나 듣는데 이렇게까지 필요한 일인지. 우리 집 식구 누구도 뭐가 뭔지 모르는 낯선 명칭들과 커다란 덩치에 일단 기가 눌렸고 나는 삐딱한 눈길로 맞섰다. 경제권이 전혀 없던 엄마가 이 어마어마한 용기를 낸 것에 대해 아버지는 불같은 화를 온 집에 쏟아

16

로맨스보다
예술

냈다. 그래서 전축은 우리 집에 온 날부터 한참동안 제 역할을 하지 못했다. 전축 장식장 위에는 정갈하게 갠 아버지의 바지와 양말이 놓이거나 동생이 모으던 몇 백 원짜리 변신합체 조립장난감들이 나란히 줄을 맞춰 서있었다.

그러다 높이도 깊이도 가늠할 수 없이 맑았던 가을날 오후, 집에 엄마와 우리 남매만 있게 된 날. 전축의 전원이 켜졌다. 고르고 말고 할 것도 없이 딱 두 개였던 음반. 전축을 살 때 사은품으로 딸려 온 것 중 하나를 내가 집어 들었다. 턴테이블이 돌아가기 시작하자 지직거리는 작은 소리에 이어 첫 음이 터져 나왔다. 빠르고 강하고 열기 가득한 음악이 별안간 내 심장에 와서 꽂혔다. 라디오에서 나오는 바그너의 음악을 듣다가 울었다는 글렌 굴드처럼은 아니더라도 음악에 살짝 숨이 멎는 순간을 경험했다. 커다란 스피커에 손을 대면 타악기 소리와 함께 전해지던 진동은 그때 내 심장 박동과 다르지 않았다. 난생 처음 들은 클래식 음악,《카르멘》서곡은 그토록 황홀했다.

빰빠라바라빰빠라바라… 그 후로 내 머리에서 쉼 없이 반복되던 멜로디. 그 음악을 들으면 매번 내 마음의 딱딱

했던 어떤 것이 녹거나 마음 가득 뭔가 차오르는 듯한 느낌이 들곤 했다. 학교에서 돌아오면 가방은 아무렇게나 던져놓고 엄마 방에 들어가 레코드판부터 올렸다. 귀에 좀 익숙해진 그 음들은 강물이 기슭의 돌을 어루만지듯 내 기분을 어루만져 주었다. 망쳐버린 수학 시험 따위는 별 거 아니라고 카르멘이 말하는 것 같았다. 그래, 수학 문제 몇 개 못 풀었다고 끝장나진 않아. 이런 대답이 저절로 생겨나면 〈투우사의 노래〉도 반복을 멈추었다.

서곡의 웅장함이 조금 지루해질 무렵 지금까지도 내 마음을 흔드는 또 다른 한 곡에 깊이 빠졌다. 카르멘이 돈 호세를 유혹하기 위해 불렀던 아리아 〈하바네라Habanera〉. 이 곡 때문에 나는 카르멘의 뒷조사를 시작했다고 말할 수 있겠다. 조르주 비제라는 사람이 소설 카르멘을 오페라로 작곡했고 스페인이 배경이며 여주인공 카르멘은 집시 여인이라는 것과 하사관과의 '숙명적 사랑과 파국'이라는 문장을 여러 달에 걸쳐 알아냈지만, 〈하바네라〉의 그 신비로운 느낌을 이해하기엔 턱없이 부족할 뿐이었다. 1980년대, 도서관도 없던 시골에서, 먼 나라의 그것도 예술 작품 속의 여인에 대해 제대로 알기란 상상 이상으로 어려운 일이었다.

〈하바네라〉를 들으면 도저히 말로 표현할 수 없는 섬세하고 낯선 감각이 몸을 간지럽히는 듯했다. 그런데 그 기분에 나를 완전히 맡기면 안 될 것 같은 작은 불안감 또한 짝을 이뤄 그 사이를 시계추처럼 오갔다. 그렇게 내가 중학생에서 고등학생이 되고 엄마의 두 번째 할부 품목이었던 스물네 권짜리 세계문학전집세트로 내 관심이 다 옮겨갈 때까지 카르멘은 나와 함께 했다. 모르는 건 모르는 채로 궁금한 건 가슴에 품은 채로 카르멘의 세상을 나누어 가졌다.

시간이 이만큼 흐르고 뒤돌아보니, 그때 카르멘은 내가 어떻게 표현해야 할지 모르는, 때로는 내게 있는지조차 몰랐던 감정에 희미하나마 형태를 부여했다는 생각이 든다. 반항적인 성격도 아니고 딱히 불만이 많지도 않았지만, 그 음악의 무엇이 내 안의 스위치를 누른 것이다. 보이지 않고 확인할 수 없지만 그때 카르멘은 나의 가장 내면적이고 가장 어려운 것을 자극했음이 분명했다. 그 사실은 이십대가 되어 원작 소설로 카르멘을 만나자 더욱 확실해 보였다.

프로스페르 메리메의 소설 속 카르멘은 한 남자에게 평생의 갈망을 불러일으키고 그 사람의 심장을 깨뜨리는 여자였다. 그녀에게는 거칠고 종잡을 수 없는 면이 많았다. 게다가 그녀가 날 때부터 갖추고 있었을 것 같은 의기양양한 태도는 나를 매료시켰다. 그렇다. 당돌한 이방인, 여성에게 지워놓은 전통적 이미지와 도덕적 기준을 제멋대로 뛰어넘는 사람. 분명 이 부분이었을 것이다. 무슨 일이 있어도 자기 자신으로 살겠다는 그녀의 자세는 순종적이고 틀에 콱 박힌 내 모습과 대조되며 마음의 빗장을 열고 싶게 했을 터다. 비극일 줄 알면서도 자신의 의지로 종말을 향해 거침없이 가는 그녀에게 우려 대신 선망의 눈길을 보냈다면, 그녀의 모습을 내가 자유라는 말로 이해했기 때문일 것이다. 자유를 향한 동경은 지울 수도 막을 수도 없는 것이었으며, 또한 그때 나는 이상하리만치 비극적인 아름다움을 향해 먼저 눈길을 주고 있었으니까.

반면 엄마는 빈 집에서 조용필을 들었다. 두 개의 레코드판 중 나머지 하나였던 조용필 3집. 13곡이 수록된 앨범이었지만 내게 줄곧 들렸던 곡은 〈일편단심 민들레야〉뿐이었다. 두어 해 전에 공전의 히트를 기록한 〈고추잠자리〉조차 우리 집에선 한 번도 기회를 잡지 못했다. 이유도 없이 난 엄마의 그 노래가 마음에 들지 않았다. 첫 소절이 흐르면 속엣 말로 불평을 했다. 사은품이 다른 거였더라면 좋았을 텐데. 한 떨기 슬픈 민들레라니. 차라리 강원도 아리랑을 듣지. 민들레 하얀 씨앗처럼 가볍게 하늘거리는 사춘기 소녀의 감성으로는 다가가기 힘든 애절한 노랫말에 고개를 저었다.

할머니가 계시지 않는 시간에는 조용필이 그 자리를 채웠다. 그러다가 걸레질을 하며 나지막하게 흥얼거리는 엄마의 허밍을 들었는데 슬픔과 해방 사이에 걸쳐진 느낌이 들었다. 비록 손에는 걸레가 들려 있지만 엄마는 분명 온몸으로 자신의 마음을 표현 중인 듯했다. 그 광경은 층층 시하 시집살이와 음주가무의 유전자를 내게 물려주지 못한, 내향적인 엄마에게선 보기 힘든 모습이어서 지금까지도 낯설고 신기한 엄마의 모습 중 하나로 남아 있다. 하지만 그건 엄마의 마음속에도 은밀하게 부글거리는 무엇이 있었다는 방증과 같은 것이기도 하므로 지금 떠올려도 가슴이 알알해지고 만다.

조용필과 카르멘을 줄기차게 듣던 우리 모녀는 그 뒤로 앨범 몇 개를 새로 사기도 했다. 그 당시 내가 좋아했던 이문세, 이선희, 다섯손가락의 음반과 엄마가 좋아했던 현철의 앨범을 샀지만 엄마도 나도 전축으로부터 몇 걸음 멀어져 있었다. 음악이 우리 집 현실을 바꾸지 못하고 완전히 스며들지 못했던 것도 있었고 내가 서울로 옮겨 온 탓도 있었다.

나는 이십대의 서울을 혼자 헤쳐 나가느라 정신이 없었다. 생활은 쉽게 음악을 지웠다. 카르멘 이후로 난 그때와 같은 열정으로 음악을 들은 기억이 없다. 어쩌다 길거리에 잠시 멈춰 서서 유행가 몇 소절을 듣거나 텔레비전에서 하는 음악 방송을 몇 분씩 보는 게 전부였다. 그러다 언제 그 전축이 통째로 사라졌는지 왜 사라졌는지, 내가 없던 그 집에서 무슨 일이 있었는지 나는 잘 모른다. 때때로 그때의 멜로디와 그 방의 느낌이 불현듯 떠오르면 전축이 있는 풍경이 잠깐 아련해질 뿐. 이제는 그 기억마저 가물거린다. 대신 전축이 있던 너른 자리를 엄마는 무엇으로 채웠는지가 궁금해진다. 시간 속에서 많은 것을 잃으며 나아가는 게 삶이지만 잃는다는 것의 중요성을 알기도 전에 잃어버린 것들은 얼마나 많을까가 헤아려지는 것이다.

그래서 이 글을 쓰기 시작하며 삼십여 년 만에 다시 카르멘을 들었다. 여러 날 동안 처음부터 끝까지 반복해서 들었다. 운전을 하면서도 들었고 빨래를 널면서도 들었다. 어느 순간 전축의 방으로 돌아간 듯 그 속에서 날리던 먼지와 가느다란 저녁 햇살 한 줄기까지 되살아나서 느껴워지기도 했다. 먼 옛날의 슬픔이 가만히 밀려와 내려앉았다.

"사랑은 길들지 않은 새/ 아무리 애써도 길들지 않아/ 아무리 불러도 소용없어/ 협박도 애원도 소용없는 일 … 새를 잡았다고 생각해도/ 날개가 있어서 날아가 버려 … 사랑은 길들지 않은 새"

영혼이 흥분하면 초자연적 열정을 뿜어내며 아름다워지는 카르멘에게 딱 맞는 이 노래. 탱고와 비슷한 두 박자의 리듬으로 흘러가는 〈하바네라〉는 여전히 좋았다. 하지만 사랑이라는 것에 이토록 냉소적인 노래였음을 십대에는 몰랐다. 물론 알았더라도 그 리듬에 이미 마음을 다 내주었으니 좋아했을 것이다. 가사나 오페라의 서사 때문에 내가 느끼는 아름다움이 달라지진 않았을 거니까. 시간의 시련에도 사라지지 않는 것이 있다면 이런 것뿐이라는 생각이 새롭게 들었다.

물론 나는 여전히 음악적인 사람이라고는 할 순 없지

만, 그래도 음악을 듣는 크나큰 이유 하나쯤은 말할 수 있게 되었다. 아무리 발버둥을 쳐도 성공보다 좌절이 많은 대부분의 순간, 엄습하는 열패감에 또 무릎 꺾이는 때에 음악은 내게 숨은 친구가 되어주기 때문이다. 사람의 말과 달리 음악은 의미를 여러 겹 둘러치지 않으니 오해할 일도 거의 없지 않은가. 하여 나는 요동치는 마음들을 음악으로 자주 씻는다. 종종 차 안에서 혼자 웃거나 눈물을 감추지 않은 채 음악을 들으며 거센 감정의 파고를 낮추는 것이다. 음악의 아름다움이란 이처럼 마음으로 곧장 향해 사람을 사로잡는다는 걸 그때마다 느낀다. 움켜쥐지 않으면서도 몸을 꽁꽁 묶어버리는 기분이라니. 그런데 놀랍게도 악다문 이와 쥐어든 심장은 풀어지는 마법의 힘을 가졌다니. 잔잔한 강물처럼 출렁이는 멜로디든 휘몰아치는 태풍 같은 곡조든 마음을 덮을 땐 보드라운 솜이불 같은 것을 누가 마다하겠나.

길든 짧든 음악을 나누었던 시간을 통해 내가 알게 된 것은 하나뿐이다. 음악이 오롯이 내 안으로 들어오면 아픔이든 고통이든 조금은 사라진다는 사실. 무엇보다 음악은 나에게 잠시 머물다 사라져도 음악과 함께 저장된 기억은 쉽게 흐려지지 않고 남아 있다는 것 말이다. 아니 오히려

24

마음에 자리를 마련한 음악은 재생될 때마다 겹겹의 감정들로 삶의 화음을 더 많이 쌓아가고 있음을 시간이 증명해 준다. 카르멘과 조용필이 방향의 차이를 이겨내며 하나의 그리움이 되듯이, 엄마와 내가 서로의 연약함을 감당하며 닮아가듯이. 음악이 세월처럼 흐른다.

슬픔을
위로하는
슬픔

젊다기보단 어린 나이에 서울로 왔다. 열아홉이었다. 자라는 동안 내내 서울은 나의 환상 속에서 더 크고 아름다워진 도시였다. 언젠가 반드시 그 도시가 내미는 마법의 손길을 잡을 거라 믿으며 사춘기의 열기를 눌렀다. 나의 진짜 삶은 서울에서 나를 기다리고 있다고 믿었다. 하늘도 더 높고 푸르리라 생각했으니 터무니없이 순진하다는 건 그때의 나를 두고 하는 말이었다.

어쨌거나 순진한 내 바람대로 잠을 잘 방 한 칸이 이 도시에 생겼을 때 나는 자유와 행복감에 취해 이곳저곳을 쏘다녔다. 갑자기 내 몸의 모든 세포가 확장된 듯 닥치는 대

26

로 걷다가 어디로 가든 상관없이 버스에 올라타고 서울을 누볐다. 종로의 가로수들, 어깨 위 눈송이를 녹이던 지하철의 온기와 쾨쾨한 냄새, 한강의 노을, 텔레비전에서 봐 오던 광장과 빌딩들 속에 내가 서 있는 느낌을 온전히 느끼고 싶었다. 아직은 유행에 맞지 않는 면바지와 여대생 같지 않은 점퍼 차림이지만 이 휘황찬란한 풍경 속의 일부가 되면 인생이 달라지리라 생각했다. 무엇보다 자유라는 말이 부추기는 힘에 심장이 떨렸다.

무척 보수적이고 가부장적인 남도의 시골에서 자란 소녀에게는 금지사항이 너무 많았다. 할아버지 앞에서는 짧은 치마도 입을 수 없었고 친구들 집에 가서 자고 오는 일은 꿈도 꿀 수 없었으며, 심지어 밥 먹을 때 밥숟가락을 뜨는 순서도 반드시 기억해야할 품행이었다. 일일이 다 적지도 못할 온갖 장애물이 나를 동여매고 있었다. 요컨대 소녀는 깨끗한 소녀여야 했던 것이다. 허나 묵묵한 순종 밑에서는 정확히 설명할 수 없는 반감이 차곡차곡 쌓이는 중이었다.

서울에 왔다는 건 그런 구속으로부터 풀려났다는 말이었다. 해가 중천에 뜨도록 이불과 한 몸인 것도 잠옷차림으로 밥상 앞에 앉은 것도 막차를 타고 집에 들어온 것 모두 열아홉에 처음 한 일이었다. 세상을 이렇게 편히 살 수도 있는 거구나. 조금씩 경계를 넓혀가며 가끔 일탈의 짜릿함을 즐겼다. 대학로 길거리에서 자정을 넘겨보고 소주 한 병을 목구멍으로 단번에 들이붓고 친구네 집에서 아침을 맞고 그 집 식구들과 함께 밥을 먹어 보았다. 그런데도 아무 일도 일어나지 않다니. 이것이야말로 젊음의 흔한 모습이고 나는 드디어 꿈꾸던 세상에 왔다고 생각했다. 당연하게도 그해의 봄과 여름은 무척 아름다웠다. 나는 햇빛과 바람을 한없이 받아들인 나무처럼 푸릇했다.

새로운 흥분과 가능성을 마주한 설렘으로 몇 계절을 보내니 어느 정도는 내 모습이 바뀐 듯도 했다. 반 뼘 정도는 도시 사람이 되고 반걸음 정도는 나아갔다고 믿었다. 구름도 바삐 흘러가는 도시. 굴레에서 벗어난 풋내기가 그 구름을 바라 볼 새도 없이 흘러 다닌 나날이 쌓여 무엇이 무너지고 무엇이 바뀌고 있는지는 전혀 알지 못한 채로.

큰 재난의 대부분이 그렇듯 내 불안도 처음에는 아주 미세한 균열에서부터 시작되었다. 눈에 보이지 않고 분간하기 어려울 정도의 아주 작은 틈으로도 바람은 드나들

듯, 정확히 알 수 없는 기분이 잠깐씩 새어들었다. 결핍이거나 열등감 혹은 외로움인지 모르는, 아니면 그 모두가 섞인 어떤 감정이 불쑥 솟아올라 가슴이 철렁 내려앉았음에도 금방 아무렇지도 않은 듯 가면을 덮어썼다. 겉으로 멀쩡해 보이면 어떻게든 닥친 하루를 그럭저럭 넘길 수 있을 줄 알았다. 나는 외롭지 않고 눈부신 저들이 부럽지 않다고. 현실 부정은 내가 취할 수 있는 최선책이었다. 왜 아니겠나. 나는 악몽을 꾸어도 머리가 찢어지게 아파도 내 방에서 혼자 아침까지 견디는 아이였으니, 이런 것쯤은 얼마든지 잘 해낼 거라 생각했다. 발목이 삔 게 아니라 버스에 치였어도 난 친구들에게 연락해서 위로를 구하는 사람이 아니었으니 말이다.

그럼에도 벌집처럼 사람들이 쏟아져 나오는 도시의 진짜 모습들이 하나씩 보이기 시작하자 청춘의 엄청난 조바심에 서서히 등이 굽어갔다. 낭만 따위가 들어설 자리가 없다는 걸 알게 된 그때부터였나 보다. 내가 이 도시의 어디에 어울리는 사람일까, 자꾸 생각했던 게. 그리곤 조금씩 눈빛이 식어갔던 게. 스무 살도 되지 않았던 나는 아직 나의 취약함을 받아들일 만큼 현명하지 못했고 무엇보다 용기가 없었으므로 구석을 찾아 숨어드는 쪽을 택했던 것 같다.

가을을 지나면서 교정의 풍경은 엽서 속 그림처럼 바뀌고 있었지만 아침이면 오늘 하루를 잘 넘길 수 있을지 걱정하는 날이 늘어갔다. 어떤 일들이 날 기다리고 있을까하는 예전의 기대감은 찾아볼 수 없었다. 결함과 후회로 빈번하게 나를 자책했고, 흥분 뒤에 두려움을 감추고 있자니 나를 지키는 벽이 흔들거리기 시작했다. 하나를 해결했다 싶으면 금방 또 다른 우울감이 생겼고, 그 기분을 모른 척하려고 열심히 살수록 웅덩이는 더 깊어지는 듯했다. 긴 하루 끝에 작은 방으로 돌아와 이불 속에 들어가면 짧은 안도감이 느껴졌다.

그런 날들 중 어느 일요일, 약속 하나 없는 오후 햇살 속에 엎드려 책을 읽다가 벌떡 몸을 일으켜 무릎을 꿇었다. 그 자세로 다시 책 속의 그림에 코를 박았다가 머리를 젖혔다가 울기 시작했다. 눈물이 올라오는 신호조차 없이 쏟아진 울음. 나는 처음 우는 사람처럼 울었다. 어릴 적 별명이 울보였던 나도 그렇게까지 멈출 수 없이 깊게 울어본 적 없던 울음이었다. 얼마나 울었을까. 그 사이 방 안에 어둠이 고여 책 속의 그림이 보이지 않게 된 만큼의 시간이 울음에 젖었다. 희미한 스탠드를 켜고 바닥을 내려다보니 빈센트 반 고흐의 〈슬픔〉은 여전히 펼쳐진 채로 있었다.

벌거벗은 채 잔뜩 웅크린 자세로 얼굴을 파묻고 울고 있는 한 여인이 보였다. 머리는 헝클어지고 힘이라고는 느껴지지 않는 몸이 통째로 울음이 된 듯한 그림. 인간의 숱한 모습 가운데 가장 처량한 모습을 연필 스케치로 붙잡아 놓은 고흐. 논리보다 직관에 의해 움직인 그는 애인이었던 창녀 시엔Sien을 그리고 '슬픔'이라는 제목을 붙였다. 시엔의 애처로운 삶은 슬픔에서 한 걸음도 벗어나지 못했고 그런 시엔을 바라보는 화가의 마음은 지독히 슬펐으니 그 간략한 선에도 그날의 모든 것이 고스란히 담겼던가 보다. 고흐로부터 한 세기를 훌쩍 뛰어 넘고 지구를 반 바퀴나 돈 이곳에서 삶의 바닥에 주저앉아 있는 젊은 여자의 모습을 마주하고 내가 울었으니 말이다. 하지만 그때 나의 울음은 시엔에 대한 동정이 아니라 나에 대한 슬픔임을 안다. 울면서 서서히 그러나 확고하게 깨달은 것은 내 안의 어떤 불빛 하나가 꺼지고 마음의 조도가 달라졌다는 거였다. 한 마디로 내가 감동한, 혹은 내가 뭔가를 느낀 첫 번째 그림이 바로 〈슬픔〉이었던 것이다.

한 칸짜리 옷장과 미니 냉장고가 있던 작은 자취방에는 내가 원하는 조그만 자유도, 달래지지 않는 열등감의 그림자도 모두 있었다. 애초에 해방이라 여겨진 것들, 혼자만의 방과 내일의 꿈이 이제는 외로움이 되어 모습을 드러내고 있었다. 사람들과 있을 땐 호졸근한 마음을 들킬까봐 번번이 실없는 유머를 하고 태연한 반항을 앞세웠다. 쓸데없이 강한 자존심도 어느 시점이 되자 나를 속이는 허식 같아졌다. 이런 자존심은 위기에서 나를 구할 수도 있지만 지독히 외롭고 초라한 내면의 자아를 맞닥뜨리면 그리 유용하지 않다는 사실을 이제는 알지만, 당시에는 몰랐다. 그래서 오래도록 고요를 흡수해 온 것 같은 그 방에서 혼자일 때면 나는 괜히 부끄럽고 화가 났었는데, 그것은 초라함에서 나오는 자격지심이었을 것이다. 하여 고흐의 〈슬픔〉을 마주하는 순간 간신히 막고 있던 둑이 무너지는 건 당연한 일이었다. 아무것도 아닌 존재가 돼가고 있는 듯해서 잔뜩 겁먹은, 열아홉의 내가 그림 속에 있었으니까. 그때의 나를 돌이켜보면 위로와 손길이 필요한데도 그 무엇도 받아들이지 않는 한 사람이 보인다. 거친 태도를 방패처럼 두르고 나약함을 숨기려는 한 사람이.

하지만 크게 울었던 그날 이후 나는 마치 내 삶의 기도문을 한 장 얻은 듯했다. 외롭고 슬프지만 기어이 괜찮아

로맨스보다
예술

질 수 있고 앞으로도 괜찮을 거라는 씨앗 같은 믿음이 생겼다. 조용한 그 저녁에 나는 〈슬픔〉을 만났고, 그 〈슬픔〉은 내 삶의 이야기가 어떻게 흘러가야 하는지 조그만 목소리로 말을 해주었던 것이다. 그리고 무엇보다 그림 한 점의 위력이 무엇인지 그보다 더 잘 알긴 어려울 터였다. 말한마디 없이 마음이 마음에게 이야기를 하는 일.

만약 어떤 미술작품이 위대하다면 그건 작품에 담긴 예술가의 고뇌가 그의 것만으로 끝나지 않기 때문이라는 사실에 목이 멨다. 예술에 깃든 연약함은 부서진 사람의 나약함과 뿌리가 같은 것이니 그렇다. 더구나 나를 향해 빤히 웃으며 의기양양하게 좋은 말을 하려 애쓰는 얼굴들을 보지 않아도 된다는 점은 얼마나 좋던지.

이후로 그림은, 특히 고흐는 내게 풍부하고 경이로운 시공간이 되었다. 고흐는 외로움이든 뜨거움이든 자신의 내면을 다룰 때는 얼버무리거나 아름답게 포장 하지 않았다. 그래서 침묵을 지키는 나를 대신해서 울고 폭발해주는 느낌이 들었다. 내가 미처 알지 못했던 감정의 공간으로 깊이 나를 끌어들여서, 러시아 인형 마트료시카처럼 겹겹이 내 안에 들어 앉아 있던 감정들을 하나씩 꺼내게 했다. 그건 연약하나 무성한 청춘의 감수성이기에 가능한 시간이었다.

울음의 찌꺼기가 가라앉은 뒤, 고흐처럼 그림을 그릴
수는 없지만 글을 쓸 수는 있을 것 같아 일기장을 하나 샀
다. 그리고 더 이상 나에게 숨길 필요가 없는 조용한 후회
와 뜨거운 고백을 적기 시작했다. 지금은 펼쳐보기조차 낯
간지러운 그때의 일기는 깡마른 심신으로 버티던 한 사람
이 간절하게 쓴 것이었다. 불안과 허세 사이를 오가는, 밑
바닥의 외로움을 이해하기엔 아직 어린, 혹은 미숙한 한
사람의 넋두리였다.

열아홉 살이었던 나의 그런 반응은 지금 생각하면 다소
단순하긴 했으나 진지한 것이었다는 생각도 든다. 당시 나
는 아름드리나무를 그리고 '크고 싶다'라고 썼다. 그리고
'곧게'라고도 썼다. 조악한 그림과 뻔한 문장들로 채워진
이 일기장은 고흐가 만들어준 부적 같은 것이 되어 몇 년
동안 나를 지켰다. 그리고 삶이 하수구로 빠져든다고 느낄
때, 슬픔이 내 모든 것을 잠식하려 할 때, 빛을 향해 기어
가는 구도자처럼 〈슬픔〉을 펼치고 또 펼쳤다. 덕분에 나는
내 삶이 지나갈 통로를 조금 넓힐 수 있었는지도 모르겠
다. 덜 웅크리고 아주 조금이지만 더 태연하게 겪어야 할

일들을 겪어냈던 것도 같다. 더도 덜도 아니고 딱 그러했으나 슬픔을 위로해준 슬픔이야말로 내겐 구원의 손길이었다. 때문에 나는 언제까지나 〈슬픔〉을 내려놓지 못할 것 같다. 슬픔이 남아 있는 모든 날까지는 언제나.

영화
동아리

아무도 바라지 않았지만 세상은 '코로나'의 시대가 되어 있었다. 정리되지 않은 채 쏟아지는 온갖 뉴스와 진위를 파악하기 어려운 소식들이 바이러스와 함께 널리 퍼져나갔다. 매일매일 발표되는 확진자와 사망자의 숫자에 떨고 나와 가족들이 그 숫자에 포함되지 않기를 기도하는 나날이 이어졌다. 늘 하던 일이 일순간 멈춰지고 늘 가던 학교와 직장과 시장과 심지어 부모님의 집마저 제한구역이 되는 일을 상상이라도 해봤던가.

지구 위 어느 곳도 안전지대가 없는 사건이 일어나고 보니 이 행성은 작고 위태로운 곳이라는 생각이 난생 처음으로 들었다. 또한 아무리 잘나고 부자여도, 제아무리 애써도 우리는 이 세상의 똑같은 일부일 뿐이라는 사실 앞에 마음이 절로 조아려졌다. 텔레비전에서 보던 죽음이 결국 내 곁에서도 일어나고 장례식조차 가지 못하는 슬픔보다 등 뒤에 도사리고 있는 두려움을 더 걱정하는 내가 무안했다. 아무도 경험한 적 없는 세상이 열려 생존이라는 단어의 무게를 실감하고 있었다.

불안과 걱정이 온 세상을 구름처럼 둥둥 떠다니는 두어 달을 정신 이탈 상태로 보낸 뒤, 내가 이 비극을 바로 보기 위해 처음 한 일은 알베르 카뮈의 『페스트』를 다시 읽는 것이었다. 책장에 꽂혀 있던 카뮈 전집의 세 번째 책을 꺼내는 손은 기도를 위해 모은 것과 다름없었다. 누군가 내게 이 비극의 과정과 결말을 설명해주고, 디스토피아적 징후처럼 보이는 것들도 얄궂은 한 때의 풍경일 뿐이라고 말해주길 바랐다. 그리고 그 목소리가 카뮈라면 믿을 수 있을 것 같았다.

소설 속의 오랑시는 페스트의 창궐로 봉쇄되었다. 기차 여행도 금지되고 우편배달도 멈췄다. 봉쇄는 일상을 바꿔놓기 때문에 결국 사람들을 변화시킨다. 고립과 병의 두려움에 지친 이들이 탈출을 시도하거나 자살을 생각하고 더 많은 이들은 우울 앞에 무기력해진다. 그 와중에도 비극을 자신의 욕망과 명예의 수단으로 이용하는 사람도 나타난다. 폐쇄된 도시에서 극한의 절망을 마주한 여러 인간들의 모습을 한 명씩 만나며 나는 이들 중 누구와 비슷한 사람일까, 딜레마의 상황에서 난 어떤 행동을 할까 생각했다. 언제고 반드시 떠나야 할 모든 관계들에 대해서도 다시 생각하게 했다. 여러 해 전에 읽었을 때는 생겨나지 않던 질문들이 돋아나 독서의 속도를 늦추었다. 소설은 지난한 시간을 거치고난 뒤 봉쇄가 풀리고 서서히 일상으로 돌아가는 것으로 끝났으나 내 눈앞은 아직 희망의 예고편이 없었다.

이런 시대가 되자 행복이라는 상태에 대한 정답이 오히려 간단하고 쉬워지는 듯도 했다. 일상 속에서 만나는 사소한 것 하나도 얼마나 가슴 뭉클하고 의미심장한지. 그 간명한 사실을 마주할 때마다 여태 고맙게 생각하지 않았던 게 매번 부끄러웠다. 무엇보다 욕망이라는 것이 믿기지 않을 정도로 무모하게 느껴져서 놀랐다.

현실의 바이러스는 점점 더 진화하며 세상을 훨씬 더

38

큰 소용돌이 속으로 밀어 넣고 있었다. 계절만이 제 때 제 할 일을 하며 오고 갔다. 어느 날은 거짓말처럼 하늘이 푸르고 어느 날은 세기말의 비가 내렸다. 그 사이에서 우리의 일상은 더욱 더 창백하고 납작해졌다. 지긋지긋하던 일상이 이토록 그리워지다니. 평온의 기본 조건은 마음의 고요가 아니라 변함없이 단단한 각자의 하루였단 말인가. 내 삶이 무엇을 딛고 있어야 하는지 그때만큼 정직하게 깨달은 적 없었다.

그래서 희망이 더 꺼지고 마음이 더 할퀴어지기 전에 연고를 바르든지 붕대를 감아야 될 것 같았다. 그 이유 때문이었을 거다. 저녁을 먹다가 남편과 아이들에게 불쑥 한마디를 던졌다. 한 달에 두 번쯤 다 같이 영화 보는 거 어때? 각자 돌아가며 한 편의 영화를 선정하면 나머지 사람들은 절대 어떤 이의도 제기하지 않는 거야. 우리 집에서 제일 영화를 보지 않는 사람이 꺼낸 말이라서 그런지 다들 조금 당황한 듯했지만 모두가 환영했다. 그뿐 아니라 그날 볼 영화는 미리 찾아보지 못하도록 상영 직전에 알려주자는 의견과 상영 후에는 짧은 감상을 나누자는 거창한 계획까지 쏟아져 나왔다. 일명 '집구석 영화 동아리'는 그렇게 출발을 알렸다. 속으로 만세를 불렀다. 나라는 사람은 문학이든 음악이든 영화든 그림이든 간에 예술이라 불리는 것들을 나에게 처방하며 여기까지 온 사람이므로, 가족들도 심신의 부침을 이런 것에 기대어 조금이나마 회복하길 바랐기 때문이다. 책이 편치 않다면 영화라도 함께 하며 끝을 모르는 이 지루하고 피폐한 시절에 잠시라도 마음이 현실을 잊길 바랐다.

금요일 밤 10시. 자신이 꼭 첫 번째이길 고집한 남편이 넷플릭스에 〈파워 오브 독The Power of the Dog〉을 띄웠다. 이런... 동아리 협약 1번 때문에 잔소리도 못하고 눈빛만 쏘고 있는데 남편의 얼굴에는 만족을 넘어 통쾌의 웃음이 엿보였다. 그래도 좀비는 아니네. 서부 시대는 싫지만 베네딕트 컴버배치니까 용서해주지. 제목이 의미하는 바에 고개를 갸웃거리면서도 황량하고 아름다운 풍경 속의 무거운 서사를 한 순간도 놓치지 않고 봤다. 내가 이해할 수 없는 세상과 인물의 관계성에도 불구하고 마음은 무언가를 알아차린 듯도 했다.

일주일 뒤, 난 언젠가 무라카미 하루키의 책에서 읽었던 영화를 선택했다. 〈과거가 없는 남자〉는 하루키가 무척 존경하고 좋아한다는 핀란드 감독의 대표작이었는데, 그의 소설『노르웨이 숲』의 배경이 핀란드가 된 것도 그 영향이 있었다는 이야기를 들은 적이 있어서였다. 하지만 영화가 끝나자마자 남편이 나를 보고 '네가 이겼다'라고 한 걸 보면 〈파워 오브 독〉에 대한 나의 계획적인 복수전으로 여겼던 것 같다. 실은 나도 전혀 알지 못했다. 이 영화의 배경과 주제가 얼마나 낯선 것이고 상상력의 거리는 얼마나 먼지. 나는 다만 하루키의 안목을 너무 믿었던 것뿐인데 말이다. 허나 우리의 시선이 할리우드에 길들여져 있다는 사실만큼은 분명히 실감할 수 있었던 시간이었다.

다시 이주일 뒤, 딸아이는 옛날 영화 〈가타카〉를 골랐다. 1998년 봄에 개봉되었던 영화이니 그 무렵이면 내가 딸을 등에 업고 비디오 플레이어로 보았을 확률이 90퍼센트 이상이다. 기억은 희미해졌어도 남편과 나는 둘 다 본 영화였지만 우리의 약속대로 어떤 이견도 내지 않기 위해, 더 중요한 건 한 마디의 스포일러도 하지 않기 위해 입을 꾹 다물고 있었다. 포대기에 싸여 있던 녀석이 어느새 옛날 영화를 골라 나란히 보고 있다는 사실이 영화보다 더 영화 같던 시간이었다.

가족 모두가 다 편안한 시간이 맞추어질 때 모였기 때문에 한 달에 세 번일 때도 있었고 한 달에 겨우 한 번일 때도 있었지만 신기한 건 다른 사람이 어떤 영화를 골라올지 점점 더 궁금해진다는 거였다. 서스펜스 서부극, 예술 영화, SF스릴러, 코미디의 장르를 넘나드는 건 꽤나 흥미로웠다. 나 혼자라면 절대 고르지 않을 영화들을 진지하게 보고 가족이어도 다 알지 못했던 취향과 시선을 조금은 나눈 것 같았다. 그리고 영화를 보고 나면 눈빛이 조금 순해지는 듯했다. 바깥세상을 덮친 불안이 끊임없이 마음을 비집고 들어와 짜증이 서로를 향하곤 했는데, 영화가 만들어 준 한 줄기 바람이 그것들을 잦아들게 했다.

우리끼리의 동아리였지만 나에게는 남다른 느낌이 드는 사건이었다. 아주 오랫동안 영화는 내게 그리 편안한 장르가 아니었기 때문이다. 오죽하면 코로나에 맞설 방패로 가장 먼저 『페스트』를 골랐겠나. 그건 내 지나간 삶에 영화가 문학만큼 제대로 자리한 적이 한 번도 없어서이기도 했다.

OTT는 고사하고 영화 전문 채널 같은 것조차 상상할 수 없던 학창 시절, 토요일 밤 9시에서 10시 사이면 MBC의 '주말의 명화'와 KBS의 '토요명화'가 시작되었다. 하지만 그건 다른 집의 이야기였을 뿐. 우리 집은 밤중에 하던

42

텔레비전 영화 프로그램을 볼 수 있던 환경이 아니었다. 텔레비전은 할아버지 할머니가 계시는 방에 딱 한 대 있었고, 두 분은 모두 일찍 잠자리에 드셨기 때문에 9시 뉴스가 끝나면 텔레비전도 잠이 들었다. 상황도 상황이었지만 무엇보다 우리 집엔 영화를 보려는 사람이 없었다. 영화가 문화예술이라는 생각을 할 수 있는 씨앗을 뿌려줄 누군가가 애초에 없었던 것이다.

물론 더 어릴 때로 돌아가면 엄마의 손을 잡고 동생들과 극장에서 〈로보트 태권브이〉를 본 일도 있었고, 중학교 때는 시험이 끝나는 날 〈인디아나 존스〉 단체관람을 한 일도 있었지만, 그 영화들이 내 감성에 자국을 남긴 적은 없었던 것 같다. 그러니까 내가 대학에 입학할 때까지, 아니 더 정확히 말하면 영화를 좋아하는 남자 친구(지금의 남편)를 만나기 전까지 내가 본 영화는 열손가락도 남았다는 뜻이다. 좋은 영화 한 편을 보고 극장을 나설 때, 여운을 감당하느라 휘청거리는 경험은 어떤 것인지 그런 일이 가능한지 의문조차 가지지 않았다는 말이다.

그런데 이즈음엔 내게도 영화에 대한 나름의 소박한 식견이 자리를 잡았다. 영화를 많이 좋아하는 사람과 삼십

년이 넘는 시간을 지내다보니 얻어진 작은 결실인 셈이다. 스크린 속이 아니라면 만날 일 없는 이상한 인물들, 결코 몰랐을 낯선 감정의 영역, 슬픔과 고통의 잔인한 깊이 혹은 완벽한 아름다움. 영화는 이런 것들을 문학과는 다른 방식으로 새롭게 느끼게 해준다는 점에서 예전보다는 많이 나를 유혹한다.

내가 사는 현실과는 아예 다른 세상 속으로, 그것도 단숨에 건너가게 하는 것이 영화 말고 또 무엇이 있겠는가. 짧게는 1시간 남짓 길게는 200분이 넘는 시간 동안 우리는 타인의 관점을 가지고 다른 세상의 주인공이 되어 세상을 보지 않는가. 그런 뒤에는 줄거리를 몽땅 잊어도 무언가가 내 몸에 남아 때때로 조각으로 재생되며 오묘하게 작동한다는 느낌. 그런 잔상의 매력이 내게 다른 색채를 덧입혀 주고 있는 것 같다. 그 색들이 섞여 무엇이 되든 아니든 이미 나는 한 번 물든 흔적을 가지고 있으므로 예전과는 조금 달라졌음을 믿는다.

다시 예전의 시절로 돌아가기만을 기다리며 소파에서 정연히 앉아 본 영화들은 집을 벗어나지 못하는 우리의 일상을 구원해 준 고마운 동무가 되었다. 〈레볼루셔너리 로드Revolutionary Road〉〈플로리다 프로젝트The Florida Project〉〈카

사블랑카Casablanca〉〈놉NOPE〉〈클라우즈 오브 실스마리아 Clouds of Sils Maria〉〈콰이어트 플레이스2 A Quiet Place II〉〈콘크리트 유토피아〉〈안티고네〉〈타인의 삶〉〈곡성哭聲〉〈서치 Searching〉〈데어 윌 비 블러드There Will Be Blood〉 등등. 다 기억나지 않는 많은 세상을 자유롭게 넘나들며 온갖 것에 말을 걸었다.

현실을 잊으려고 본 영화들이 다시 현실에 대해 생각하게 하고 인생을 고민하게 했다. 당연한 얘기지만, 영화는 그것을 감상할 때의 상황과 맥락에 따라 감동의 폭도 달라지고 바뀌어 내 삶의 한 부분을 잡아채서 새롭게 보도록 도왔다.

3여 년의 팬데믹pandemic 기간이 지나고 각자의 바뀐 자리와 역할로 돌아가고 난 뒤, 우리의 동아리는 의당 흐지부지 되었다. 하지만 그 시절이 아니었다면 내가 책 대신 영화를 찾기 위해 진지하게 고민을 하고 이런 부족한 기록이나마 남길 수 있었을까 싶다. 살아 있음을 이토록 연민한 적이 없었고, 살아 있다는 감각을 이처럼 팽팽하게 느끼던 때가 없었던 이상한 현실 안에서, 우리는 영화를 통해 허구로 짜인 진실들을 만났던 것이다.

피아노는
여전히
내 안에 있다

능숙하게 다룰 줄 아는 악기가 하나도 없다는 건 충직한 애인이 없는 것처럼 좀 슬픈 일이다. 내 경우가 그렇다. 어려서부터 악기 하나쯤은 즐길 줄 아는 사람이 되고 싶었고, 큰 악기든 작은 악기든 자유롭게 다루는 사람을 보면 성공한 사람처럼 보였는데도 나는 끝내 충직한 애인이 없는 사람이 되었다. 그렇다고 아무 노력을 하지 않은 건 아니었다.

피아노 가방을 들고 학원에 가는 친구들이 부럽기도 하던 차에 마침 우리 집에 피아노가 들어왔다. 피아노를 사 달라고 조른 일도 없었는데 어떤 사정으로 갑자기 생겨난 것인지 정확한 이유는 몰랐으나, 피아노는 엄청난 존재감을 자랑하며 구식 한옥집의 좋은 자리를 차지하고 앉아버렸다. 하지만 피아노를 칠 줄 아는 사람이 아무도 없는 집에 피아노라니. 여러 달 먼지 닦는 것도 지겨운 일이 될 즈음, 엄마는 결단을 내렸다. 일곱 식구의 대가족 중에서 피아노를 책임져야 하는 사람은 누가 봐도 나였으니 내 손을 잡고 피아노 학원의 문을 열었던 것이다. 할아버지와 할머니는 피아노로 뭘 할지 잘 모르신 채로 우리 집에서도 피아노 소리가 난다는 것으로 만족스러운 눈치였고, 어린 남동생들은 내가 금방 만화영화 주제곡 정도는 쳐 주리라 기대한 듯했다. 나는 손가락 번호를 익히는 중이었는데 말이다.

학원은 집에서 그리 멀지 않은 곳에 있었다. 시골에서 가장 역사 깊은 초등학교(그때는 국민학교) 정문 앞에서 피아노 소리를 메아리처럼 퍼뜨리고 있었다. 그러나 문을 열고 마주한 광경은 상상과는 조금 달랐다. 중앙에는 연탄난로가 타고 있는 작은 휴게실이 있고 주위로 피아노 한 대씩을 품은 4개의 방이 다닥다닥 붙어 있었다. 방문이 닫혀 있는데도 제각기 다른 수준의 피아노 소리가 폭포처럼 쏟아져 나왔다.

엄마와 달리 화장이 짙고 긴 파마머리를 했던 선생님
은 방을 수시로 옮겨가며 악보를 설명해주거나 직접 시범
을 보여주곤 했다. 그리고 항상 손에는 가늘고 긴 나무 막
대가 들려 있었다. 등 뒤에서 악보를 짚어줄 때도 건반을
잘못 누르는 순간 손등을 내리칠 때도 유용한 회초리였다.
내가 음악적 감각이 무디다는 것을 그때 그 회초리를 맞으
며 알았다. 맞지 않으려고 긴장할수록 손가락은 더 꼬이고
제멋대로 움직여서 손등에 붉은 줄이 몇 개씩 생긴 채로
집으로 돌아갔으니까. 그러자 비좁은 방안에서 반복하는
피아노 교습 시간이 즐겁지가 않았다. 피아노 학원 앞에서
저절로 발걸음이 멈춰 들어가길 망설였던 기억이 무수하
고 선명하다. 대체로 기쁨보다 실망에 익숙했던 나는 미리
내 마음을 보호하려는 본능적 느낌으로 피아노에 대해 작
은 불평들을 만들기 시작했다.

그때 〈소녀의 기도〉*를 직접 연주하고픈 열한 살의 내
갈망이 그토록 크지 않았더라면 바이엘도 마치지 못했을

* 바다르체프스카 T. Badarzewska가 작곡한 피아노곡

지 모른다. 어느 날 옆방에서 들려온 그 멜로디는 내 손을 멈추고 숨소리를 낮추게 했다. 다른 모든 소리를 뚫고 와 내 귀를 가득 채우고 두근거리게 했던 피아노 선율. 양손 연습을 막 시작한 나에겐 아득한 곡이었지만 머리는 이미 〈소녀의 기도〉를 치는 나를 선명하게 그리고 있었다. 그 음악의 무엇이, 강렬함과 부드러움 사이에 위치한 그 무엇이 나를 매료시켰던 간에 나는 일 년이 훨씬 넘는 기간 동안 손등의 아픔을 참아낼 수 있었다. 이 시간은 이유를 알 수 없는 채로 계속되었던 내 갈망의 첫 장이었으나 그런 갈망의 대상이 아름다움이었다는 것은 물론 먼 훗날에야 알게 될 터였다.

순전히 오기로 버텨낸 긴 시간 뒤에 마침내 〈소녀의 기도〉를 더듬거리며 치게 되었을 때, 내가 듣던 그 소리가 내 손끝에서 울려 퍼질 때, 원래의 박자보다 한참 느려서 부끄럽고 부족해도 난 정말 기뻤다. 누가 들어주지 않아도 박수 소리가 나오지 않아도 괜찮았다. 손등의 붉은 줄이 만든 것이라서 더 벅찼다. 그럼에도 난 망설임 없이 학원을 그만두었고 그 이후로 우리 집 피아노는 〈소녀의 기도〉만 몇 년간 반복하다가 영영 뚜껑이 닫혀 버렸다. 하여 피아노는 내게 갈망을 가르쳐주고 약간의 상처를 남긴 악기가 되고 말았다.

시간이 지나면 상처는 아물지만 상처가 있던 흔적마저 말끔히 지워지진 않는다. 처음엔 흔적이 남았다는 생각을 하지 못했다. 더 이상 손등의 아픔을 걱정하지 않아도 되는 게 행복해서 피아노 따윈 금세 잊어버렸다. 고등학교 실기 시험에서도 체면 구기지 않을 만큼은 했으니(공평한 시험을 위해 피아노를 일정 수준 이상 배웠던 사람은 〈엘리제를 위하여〉를 연주하도록 했다) 피아노에 대한 미련 같은 건 없는 줄 알았다. 머리에서도 가슴에서도 거실에서도 피아노 소리는 들리지 않았다. 아주아주 긴 시간이 그렇게 흘러갔다.

그러다 봄빛이 더 이상 설레지 않던 어느 날. 무감하나 어쩌면 속속들이 날카로워져서 생활을 힘들어 하는 한 사람이 되었을 때였다. 늘 그 자리에 있던 피아노가 그날따라 왜 오랜만에 만난 친구 같이 보였는지. 빈집에서 문득 유치원생 딸아이가 치는 피아노를 열었다. 뻣뻣하고 두꺼워진 손가락을 건반 위에 올려놓고 가만히 바라봤다. 어떤 첫 음을 내야 하는지 몰라서 눈을 감고 생각했다.

〈소녀의 기도〉가 기억날까. 머리에선 지워져도 혹시 손가락은 알고 있지 않을까. 절반의 기대를 안고 건반을 누

50

르니 어릴 적보다 더 느린 박자로 익숙한 음이 흘러나왔다. 아득히 멀어진 줄 알았던 것이 아직 내 곁에 있다는 느낌이 뭉클했다. 아마 절반의 절반도 못 친 짧은 순간이었지만 회한의 감정이 크게 일렁였다. 내가 무엇을 원했는지, 그리고 무엇을 얻지 못했는지를 새삼 느끼고 말았다. 그랬다. 나는 여전히 피아노를 잘 치고 싶었고 동시에 피아노가 두려웠던 것이다. 그 붉은 줄은 손등이 아니라 마음에 그어진 것이라는 걸 마침내 맞닥뜨린 거였다.

살면서 피아노를 볼 때마다 내가 피아노를 그만둘 수밖에 없었던 여러 가지 변명을 생각하고 만들어 냈다. 언제나 첫 번째 변명은 손가락을 맞는 것이 죽을 만큼 싫어서였고, 그 다음의 이유들은 수시로 바뀌었다. 피아니스트가 될 것도 아니었으니까, 악보를 읽는 것보다 영어 문장을 읽어야 대학에 갈 수 있으니까, 무엇보다 음악적인 재능이 없는데 뭘. 무슨 말을 찾아내도 서툰 변명임을 숨길 수 없다. 피아노에 대한 성실한 사랑이 없었다는 진짜 이유만큼은 내 입으로 말하고 싶지 않아서 만든 것들이니까. 경험이 좋든 싫든 나는 주저하지 말았어야 했다. 하지만 고통이 따르는 일 앞에서 결국 용기를 내지 못했고 그렇게 멈추고 말았다.

그럼에도 내 안의 나는 여전히 피아노를 좋아했던지 아니면 어떻게든 피아노 곁을 맴돌고 싶어 했던 건지 책장에 피아노의 대가가 쓴 책들이 자꾸 늘어났다. 반은 세상이 다 아는 이들이고 반은 책으로 먼저 알게 된 이들이다. 베토벤, 모차르트, 슈만, 글렌 굴드, 라흐마니노프, 구스타프 말러, 에릭 사티, 류이치 사카모토, 안드라스 쉬프, 러셀 셔먼, 스티븐 허프. 시대와 동서양을 구분하지 않고 피아노에 대해 이야기한 연주자들의 책을 골라 읽었고 그들의 가장 유명하다는 연주곡은 공부하는 마음으로 찾아 들었다. "시를 이해하려는 사람은 시의 나라로 가야하고, 시인을 이해하려는 사람은 시인의 나라로 가야한다"던 괴테의 말대로 나는 피아노와 피아니스트의 나라로 가는 문을 내 방식으로 열고 있던 거였다.

놀라운 건, 내가 절대 넘을 수 없는 세상 너머에 있는 피아니스트들의 문장이 연주보다 더 좋을 때도 있다는 사실이었다. 시인이 아닐까 싶도록 미려한 글과 철학자 같은 사유에 얼마나 탄복했던지. 이들 중 누군가가 피아노를 아는 것은 우주를 아는 것과 같다고 한 말에 밑줄을 그으며

52

내 손으로 치지 않고도 알 수 있는 걸까 궁금해 했다. 피아노에 대해 숨겨왔던 미련을 피아노를 담은 책들로 대신했는데 그건 내 생각보다 훨씬 더 큰 즐거움이었다. 또 열병을 이겨내는 환자처럼 피아노에 대한 아픔도 낫게 해주었다. 그러는 동안 어차피 누구의 인생이든 좋아하면서도 멀어지거나 단념한 것이 여럿일 테고 내겐 피아노가 그런 일 중 하나라는 것을 이해할 만큼 나이가 들었다.

이제 나는 어린 시절보다 더 피아노 실력이 엉망이다. 앞으로도 결코 피아노를 능란하게 연주하지 못할 것이 자명하다. 계이름을 짚으며 겨우 악보를 보고 손가락은 한참 뒤에야 건반을 누른다. 그 시차만큼이 나와 피아노 사이에 벌어진 시간이고 부족한 소질이지만, 피아노라는 단어에는 점점 다른 메아리가 붙고 있으니 괜찮다. 각기 다른 깊이의 그림자를 드리우면서 내 삶의 악보집을 두껍게 만들어 주고 있으니까 더욱 괜찮다. 그래서 최선을 다해 기억하려고 한다. 〈소녀의 기도〉가 준 순수한 열정과 피아노 앞에선 유독 더 삐죽삐죽했던 내 마음과 이제는 지워진 붉은 줄 같은 것 모두를.

친애하는
앤
셜리

나는 열다섯 살이었고 나이에 걸맞지 않는 고민을 만들어 걱정하는, 살짝 엉뚱한 경향이 있었다. 너무 멋진 남학생이 갑자기 길에서 고백을 하면 어쩌나, 혹은 지구가 내일 망해도 누군가는 사과나무를 심겠다는데 나는 무얼 할까 하는 일 따위. 지금까지도 내 인생에 일어나지 않은 일을 매일 상상하고 골몰하던 그런 때가 있었다. 아마도 어릴 때의 내 삶엔 미스터리가 별로 없었기 때문에 애거사 크리스티의 추리 소설처럼 놀라운 일이 일어나길 기다리곤 했던 것 같다. 세상을, 아니 진짜 인생이 어떤지 몰랐을 때였으니까.

사춘기는 절정을 향해 오르막을 오르고 있었고 대가족의 일상은 조용할 날이 없었지만 무료한 나날이라고 느꼈던 기억이 난다. 도서관이라는 공공시설조차 없던 동네. 감성의 자리를 채워 줄 무언가가 부족해서 조금은 허기진 사람 같았던 내게 단비가 내려졌다. 우연히 텔레비전 만화 영화의 첫 회를 보다가 온 몸에 전율이 일었던 것이다. 돌연히 시작된 첫사랑처럼.

그 후로 해가 뉘엿뉘엿 넘어가는 금요일 저녁이면 마음이 설렜다. "주근깨 빼빼마른 빨강머리 앤~ 예쁘지는 않지만 사랑스러워"라는 노래가 텔레비전에서 나오면 눈앞의 세상은 잠시 멈춰지고 다른 시공간이 열리는 기분이었다. 열다섯에 텔레비전 만화 영화에 빠진다는 것이 좀 부끄러운 느낌이 들었지만 거부할 이유도 없었고 저항할 노력 따윈 꿈도 꾸지 않았다.

열 살이 되기 전, 삼 년 동안 캔디*와 울고 웃었던 이후로 나를 이만큼 사로잡은 이는 현실과 공상 어디에도 없었다. 나는 이 소녀가 무조건 좋았다. 앤의 이야기들은 내 마음에서 나오는 듯한 착각이 들 정도였다. 그런 고집과 상

---

* 1977~1980년에 방송한 일본 애니메이션.

상이라면 나도 아주 잘 알아서 그랬는지 이상하게도 앤을 생각할 때 나는 덜 외로웠다. 나이도 그 시절의 나와 비슷했으니까 맞았다 안 맞았다 하는 친구들보다 앤이 내 안에선 더 친밀한 친구가 되었던 것도 같다. 그로부터 세월이 많이 지나 지금의 나는 회의주의자에 가까워졌지만, 그때는 사랑이든 삶이든 매우 아름답고 로맨틱하리라 꿈꾸고 있었으니 이런 기질도 내가 앤에게 그토록 깊이 빠졌던 이유가 되기에 충분했을 것이다.

매슈와 마릴라, 길버트 블라이스와 다이애나 배리. 이들의 이름은 내 가족의 이름처럼 익숙해졌고, "만약 '앤'이라고 부르실 거면 E를 붙인 앤_{Anne}"이라고 해달라는 앤의 말대로 나는 앤을 생각할 때마다 알파벳 'E'를 머릿속에 그리곤 했다. 상상할 수 있는, 혹은 상상하지 못한 온갖 일들이 일어나는 앤의 세계에서 앤은 물러서지 않았고 야생화 같은 소박한 행복을 알았다. 앤의 부주의한 행동조차 순수하게 보였고 에너지를 한가득 품고 있는 가슴은 부러웠다. 이제 곧 여성이 될 소녀가 아직은 모르는 것들을, 이제 곧 겪게 될 것들을 기대하는 표정은 사랑스러웠다. 나도 저렇게 살아야지, 라는 작은 결심을 하게 만들 정도였으니까.

그 어떤 것보다 정말 애정을 쏟았던 만화영화는 앤이 이십대를 시작하려는 무렵에서 끝이 났다. 매슈 아저씨가 세상을 떠났고, 마릴라 아줌마는 병이 들었고, 그런 사정으로 대학진학을 포기하고 초록 지붕에 남아 교사가 되는 앤이 엔딩 장면이었다. 새로운 길모퉁이를 돌면 무엇이 자신을 기다리고 있을지 상상하며 희망의 꿈을 심는 앤. 그렇게 씩씩한 고아 앤이 그린게이블즈에서 좌충우돌하며 앞으로도 잘 지내리라 믿는 것이 나에게 남겨진 일이었다. 다만 앤과 길버트의 미래를 확실히 약속해주지 않은 작가가 좀 원망스럽기는 했으나 그것도 나름의 즐거움이 있었다. 내 상상 속에서 앤과 길버트는 수많은 사랑의 변주곡을 만들었으니 말이다.

그런데 희한하게도 만화가 종영되고 텔레비전에서 보지 못할수록 앤은 점점 더 그리운 존재가 되어 갔다. 마치 행방불명된 형제를 찾는 사람처럼 앤에 관한 것이라면 작은 것까지 모으고 다녔다. 그러다, 빨강머리 앤이 캐나다 작가 루시 모드 몽고메리가 삼십여 년 동안 쓴 장편소설이라 사실을 알고는 책을 구하려고 무척 애를 썼었다. 딱 하나 있던 로터리 옆 서점에 찾아가서 물어보기도 하고, 국어선생님께 여쭤보기도 했다.

지금처럼 인터넷이 있었다면 아무 일도 아니었을 것들이 그때는 모든 게 어려웠고 힘들었다. 앤의 뒷이야기가 참으로 궁금했으나 그때의 기술과 나의 정보력으로는 해결할 수 있는 것이 없었다. 더 이상 아무것도 알지 못한 채 나는 사춘기를 넘겼고, 앤이 드리웠던 그림자도 점점 옅어지다가 젊음의 한창때에는 앤을 떠올린 일이 거의 없었던 듯하다. 아마도 앤의 이십대를 본 적이 없었으므로 나는 예전처럼 내 모습을 이입할 생각을 하지 못했던 것 같다. 그리고 지금까지의 삶을 통틀어 드물게 반항적이었던 청춘의 한 시절이 급물살로 지나가는 중이었다.

하루가 몸서리치며 한 달이 되고 일 년이 되며 시간은 흘렀고, 그 시간 속에서 내가 겪고 견뎌내는 것들을 설명할 수 없어서 삶이 무거워지던 사십 대에 결국, 나는 다시 앤을 찾았다. 여러 굴곡의 시간들을 지나왔는데도 여전히 울퉁불퉁한 인생길을 걷고 있을 즈음이었다. 햇살이 들지 않는 깊은 물속에 혼자 있는 것 같던 하루를 천 번쯤은 보냈을 무렵이었다. 내 앞에 더 있을 인생의 잔인한 일들이 무엇일지 두려워서 한 가닥일 뿐이더라도 튼튼한 위로가 간절했던 시기였다.

그러한 때 문득 내가 닮고 싶다고 생각했던 앤의 뒷이야기가 알고 싶어진 것이다. 왜 다른 소설이 아니라 앤이어야만 했는지 명확하게 설명할 순 없지만, 그때 나는 앤이 나를 불렀다는 느낌이 들었었다. 앤과 나 사이에서는 당연히 일어날 수밖에 없는 일이 생긴 거라고 믿었다. 그래서 큰마음을 먹고 동서문화사에서 나온 『앤ANNE』 전집 열 권을 샀다. 며칠 후, 한 박스의 책이 택배로 오던 날은 나의 새 책을 받을 때만큼이나 들떠 있었다.

만화의 끝 장면에서 이어진 소설 속의 앤은 마침내 대학생이 되고, 잘생기고 부자인 청년에게 프러포즈도 받고, 우정과 사랑 사이에 있던 길버트의 고백에 감동하는 처녀가 되어 있었다. 나는 이미 대단한 일 없이 청춘을 다 지나왔지만, 앤의 이십대를 읽으면서 오래전 헤어졌던 핏줄의 소식을 들은 듯 기뻤다. 앤은 해낼 줄 알았어. 서로가 오해를 풀어서 얼마나 다행이야. 게다가 어린 시절 내가 수없이 상상하던 바로 그 이야기, 의사가 된 길버트와 결혼한 앤의 신혼생활 모습까지 이렇게 생생하게 담겨 있다니. 나만 혼자 이만큼 지나온 것 같은 시간을 앤이 부지런히 따라와 주는 기분이었다. 아주 오래전에 묻혔던 기억과 감정이 조용히 다시 떠오르는 시간은 편안하고 아련했다.

하지만 인생은 누구에게든 가혹할 때가 있어서 앤도 슬픔으로 무너지곤 했다. 그것이 나를 몹시 놀라게 했다. 왜 나는 앤에겐 그런 고통이 없을 거라 생각했던 걸까. 만화 속 주인공이라 그랬을까, 아니면 빨강머리 앤이라는 그 이유만으로 그랬을까. 3남 4녀의 아이를 낳아 엄마가 된 앤의 삶에는 즐거운 소동과 아픈 사건들이 끊이지 않았다.

세상에서 하루를 넘기지 못한 첫 딸을 떠나보내며 앤은 검고 깊은 바다처럼 울었다. 또 제 1차 세계대전에 참전하겠다는 두 아들 앞에선 불의를 참지 않던 초록 지붕의 앤이 아니라 엄마 그대로의 앤이었다. 하지만 예측할 수 없이 긴 전쟁은 결국 문학 소년이었던 둘째 아들을 앗아갔고, 뒤이어 큰 아들마저 중상을 입고 포로로 잡혔다가 행방불명이 되었다는 전보가 날아왔다. 앤은 말을 잃었고 눈물과 한숨으로 밤을 지새웠다. 앤을 꼭 닮은 막내딸 릴라가 예전의 엄마처럼 씩씩하게 집안을 챙기고 이웃들의 따뜻한 손길이 아픔을 덮어주었지만 앤의 기도는 어느 때보다 무겁고 힘들었다.

삶은 이런 것일까. 내가 받아들일 수 없는 운명과도 기어이 함께 살도록 만드는 것이 삶일까. 틀림없이 슬픔은 여기가 끝일 거야, 하고 생각할 때마다 다른 일이 계속 일어나는 게 삶인 걸까. 아픈 시절을 아프게 통과하는 앤을 보며 생각했다. 사람이 크는 것은 어려움과 고통을, 힘든 문제들을 어떻게 대면하고 해결하고 넘어가느냐에 달린 것이라고. 영혼의 어두운 밤에도 다만 바른 길로, 선한 선택을 해야 한다고. 그래서 마침내 종전終戰과 함께 극적으로 장남이 귀환하는 소식을 읽을 때는 작가가 아니라 신에게 감사를 했을 정도였다.

그때 깊이 알았다. 내가 다 겪지 않았어도 이야기를 읽으며 함께 통과하고 나면 삶의 무언가를 배운다는 사실을. 자식을 잃어버린 앤을 읽으면서 나는 앤이 되거나 앤의 어깨를 다독이는 이웃이 되었다. 이야기 속에서 이야기와 함께 변화하는 내 마음을 들여다보면서, 내가 어떤 사람인지 조금 더 깨닫게 되는 건 기대 없이 크게 얻은 덤과 같았다.

우리의 삶과 별반 다를 게 없는 앤의 인생을 읽다보면

몽고메리라는 작가에 대해서도 저절로 호기심이 생기고 백여 년 전의 캐나다 풍경도 온갖 색채로 그려졌다. 몽고메리는 자기 인생의 대부분을 앤과 함께 지내면서 자신의 삶을 많이 녹여 넣었다고 자서전에 썼다.

그녀가 21개월에 일찍 엄마를 잃고 외가에서 자란 사실과 시골 마을의 문학소녀였다는 점에서부터 앤의 모습은 출발한 것이다. 요정나라에 드나들 수 있는 입장권을 가지고 있으며, 집 주변의 나무들과 여러 장소에 저마다의 이름을 붙이고 시를 쓰던 꼬마가 바로 몽고메리였다. 처음으로 잡지에 단편이 실려 5달러의 원고료를 받았을 때, 그 일을 기념하기 위해 서점으로 달려가 다섯 권의 시집을 산 사람은 스물한 살의 몽고메리였다. 외할머니를 혼자 돌보며 하루 일과를 끝내고 지붕 밑 작은 방에서 밤마다 글을 써서『앤』을 탄생시킨 것은 서른한 살이 되어서였다. 그런데도 책이 나오기까지 출판사로부터 다섯 번의 거절 편지와 혹평을 받는 시간을 또 오래 견뎠다는 고백의 글은 앤의 목소리와 크게 다르지 않았다.

그러니까 한 인간이 자신의 삶을 조금씩 가슴에서 털어놓으며 어떤 고난에도 포기하지 않겠다는 다짐의 문장들이 앤을 만들어냈던 것이다. 작가의 지난한 시간을 지불하

62

고 되돌려 받은 통찰과 삶에 대한 애정이 정직하게 글을 떠받치고 있다는 느낌은 바로 여기서 비롯된 게 아닐까 싶었다.

　이제 나는 소설 마지막 장의 앤의 나이가 되어 있다. 오십대 중반. 이 세상에 없는 저기 저 곳에 나와 비슷한 모양의 눈물을 지닌 사람에게 기대고 지나온 날들이 이렇게 두터워진 것이다.

　'나 자신 외에는 어떤 사람도 되고 싶지 않고 다이아몬드의 위로를 받지 못해도 초록 지붕의 앤으로 살겠다'던 빨강머리 소녀. 더 많은 것을 누구보다도 더 많이 사랑했던 앤 셜리. 그런 앤의 문학사적 가치가 무엇인진 말하는 건 내가 할 수 있는 일이 아니지만, 앤이 평생토록 삶을 옹호하는 태도에서 내가 용기를 받았다는 건 부인할 수 없는 사실이다. 게다가 나는 그 시간 동안 여차하면 부서지는 삶의 속성을 조금은 배웠고, 외로움 앞에 꼿꼿하고 싶은 마음과 세상에서 크게 불리고 싶은 마음 사이에서 어떻게든 중심을 잡아가는 나만의 방법도 가지게 되었다. 그리고 이게 전부여도 내 하루가 조금 덜 힘들어졌다면 얼마나 고마운가.

가을이 채 물러가지 못하고 남아 조금은 쓸쓸한 어느 날엔가, 창문을 넘은 햇빛이 하필 『앤』이 꽂혀 있는 책꽂이에 내려앉는 것을 볼 때였다. 살짝 빛바랜 책등에 조명을 비춘 듯 환한 그 풍경을 보다가 오랜만에 먼지를 털어내며 웃었다. 몽고메리와 함께 앤은 더 이상 늙지도 변하지도 않을 시간의 영역 밖으로 넘어갔으니 이날 이후의 삶은 내가 앤에게 들려줘야 하는구나, 라는 생각이 들어서였다. 그렇다면, 이왕 그리 될 바에는, 앤도 좋아할 아름다운 결말을 써야겠다고. 앤은 마지막까지 나에게 큰 숙제를 주고 있다고. 조용히 혼자 웃었다.

로맨스보다
예술

평범
한
걸 작

고향의 친구로부터 전시회 초대장을 하나 받았다. 할매들의 사진전을 연다는 소식이었다. 친구는 오랜 객지 생활을 접고 고향으로 돌아와 여러 예술 활동을 구상하고 몸소 옮기는 사람이 되어 있었다. 스스로 나서기 어려운 사람들을 위해 앞장 서는 사람이 된 그녀. 내가 알던 수줍은 십대의 모습은 온데간데없어지고 문화예술 전도사가 된 그녀가 또 한 번 사고를 친다는 통보였다. 그 전에는 어린 학생들과 연극을 만들어 무대에 올렸고 시화전을 꾸미기도 했던 친구가 친정 엄마 같은 분들의 벗이 된 것이다. 멋지네. 멀리서 하는 혼잣말이었지만 친구에게까지 닿을 만큼 진심으로 감탄했다.

전시회가 개최될 장소는 할매들이 사는 시골 동네의 너른 마당과 나무들이었다. 실은 친구가 태어난 곳이기도 했다. 그러니 친구는 할매들의 아줌마 시절부터 알고 있던 터였다. 그 분들 삶의 속사정 몇 개씩은 친구의 기억에도 장작처럼 쌓여 있던 거였다. 그래서 그 할매들에게 더 다정하게 손을 내밀 수 있었을 테고 할매들도 무람없이 작업에 동행했을 것이다. 그렇다고는 해도 어찌 어려움이 없었을까. 우리 엄마처럼 전화나 하고 문자메시지를 받을 줄만 아는 할매들에게 사진 찍는 법부터 알려줘야 했을 텐데. 무엇보다 예술이라는 갑옷이 무겁지도 대단하지도 않다는 걸 이해시켜야 했을 텐데. 그 분란했을 과정을 보지 않았어도 절반은 알 것 같았다.

그러나 나는 그 멋진 전시회에 직접 가보질 못했다. 단 사흘만 열린 탓도 있었고, 그 사흘이 하필 내가 일상에서 나를 빼낼 도리가 없는 사흘이기도 해서였다. 내 사정을 잘 아는 친구는 서운함 따위 없이 사진전시회의 모습을 사진으로 잔뜩 보내주었다. 그렇게 나는 컴퓨터를 열고 서울에서 나만의 전시회를 관람했다. 명품백을 들고 심각한 표정을 짓고 있는 관람객도 없고, 논리를 들이대며 트집 잡

66

는 이도 없어서 오히려 드물게 안온한 전시회가 되었다.

갤러리에도 리사이틀에도 가본 적 없는 할매들이 남편과 자식들의 헤진 옷을 깁고 가지런히 깻단을 세워 말리는 손길 그대로 삶을 인화했다. 때로는 잘려나가고 비뚤어지고 흔들린 사진들이지만 어떤 것을 보아도 물기와 미소가 찰랑거렸다. 쓸쓸한 듯싶으면 유머가 있고, 고단함 앞에 숙연해지면 다독이는 손길이 어김없이 함께 했다. 아린 것도 아픈 것도 슬픈 것도 아니면서 동시에 그 전부이기도 한 사진들은 단 한 장으로도 단편 소설과 겨룰 만했다. 언젠가 읽었던 유명 사진작가의 한 마디가 불쑥 떠올랐다. '사진이 별건가, 인생을 담으면 되지. 당신만의 이야기를…'

그랬다. 일찍 이별한 남편의 마지막 신발을 찍은 사진부터 마늘밭의 어린 싹들, 말없는 식구들인 소와 강아지, 마당에서 마르는 빨래와 믹스커피 한 잔, 자식들이 꽂아준 생일 케이크의 많은 촛불, 타작마당의 늙은 나무, 그 아래 낮잠 자는 고양이, 풀 뽑는 땀범벅 할배 얼굴, 씨간장을 품은 장독대와 봉숭아, 첫 월급을 탄 손녀가 사준 꽃무늬 팬티, 오랜만에 버스 타고 나간 장날 풍경, 두둑을 새로 올린 가지런한 밭고랑 등등.

할매 작가들의 작품은 경계를 두지 않았다. 할매들의 손등처럼 투박하고 거칠어도 누추함을 가리지도 않았다. 정말 사진이 별건가, 라는 말을 자신 있게 몸소 보여주는 사진들이었다. 의도하지 않은 것들이 사진 속으로 파고들어 보여진 삶과 가려진 삶 사이에 있는 진실이 드러나 있었다.

따지고 보면 할매들의 사진에서 새로운 것이란 없다. 평생 구석진 자신의 자리를 지킨 분들이니 이국의 멋진 풍경이나 기이한 물건을 어찌 찍겠는가. 늘 있던 것들을 보여주고 시간에서 밀려난 것들을 한 자리에 펼쳐 놓았을 뿐, 더 이상의 놀라움은 없는 것이다. 그런데도 보는 사람의 마음은 흔들린다. 흔들림을 넘어 생각지도 못한 미안한 마음의 물결이 일렁인다. 한결같은 노동과 우직한 세월의 무게가 사각의 사진틀을 꽉 채우는데도 여백은 또 왜 허공처럼 넓은지.

사진전을 혼자 뒤늦게 감상하다가 무안해지고 말았다. 내가 찍은 사진들이 이상한 건 핸드폰이 좋지 않아서라고 생떼를 부렸던 걸 속으로 사과했다. 할매들은 나보다 훨

썬 변변찮은 핸드폰으로 말보다 무한히 많은 이야기를 찍어 내놓지 않았나. 그녀들 손에 고화질의 카메라가 없어도 고화질로 설명할 수 있는 지난한 삶이 있기 때문이라는 걸 무슨 수로 부정하겠나. 바로 '여성의 시간'으로 감내해 온 인생 말이다. 가족들의 모든 시간 속에 있었지만 정작 어디에도 속하지 못했던 할매들의 목소리와 마음이 사진에 심연을 만들었을 테니까. 우연히 붙들린 나 같은 사람에게도 지나간 그녀들을 되짚어보고 앞으로도 감내해야 할 것들을 넌지시 생각하도록 만들 정도이니. 좋은 기계와 뛰어난 사진 기술보다 중요한 건 여백에 담길 경험과 그것을 바라보는 시선의 온기라는 걸 새삼 또 부끄럽게 깨닫는 시간이었다.

아무려나 할매들은 아름다움을 영원히 남기겠다는 욕심으로 이 사진들을 찍은 게 아니라는 사실이다. 예술성을 의도하지도 않았고, 작업을 계획적으로 만들지도 않았고, 관객의 기준을 의식하지도 않았을 것이다. 다만 마음이 보낸 신호와 우연의 순간이 들어맞았던 것일 듯. 그래서 사진들은 예상치 못한 의미의 결을 지니게 됐으리라 생각하는 건 어려운 일이 아니다. 게다가 때로 이렇게 태어나는 예술이 더 매력적인 건 얼마나 신나는 일인가. 그러니까 한 마디로, 세상에는 보통의 평범한 걸작도 있다는 말을 난 이렇게 길게 하고 있는 것이다.

이 생각은 반걸음쯤 더 나아가, 우리도 실은 매일매일 작고 소소한 예술품을 만드는 사람은 아닌가 하는 것으로 넘어간다. 계절이 바뀔 때마다 책장과 소파와 식탁을 이리저리 옮겨보는 일도(가족들은 고개를 절레절레 흔들지만), 정성으로 요리를 하고 더 맛있게 보이도록 담아낼 접시를 고민하는 시간도, 화단의 라일락 꽃 사진을 여러 구도로 잘라 보고 핸드폰 바탕 화면으로 저장하는 행위들도 실은 삶과 함께 하는 예술인 것이다. 왜냐하면 이 과정에서 우리가 추구하는 건 다른 무엇이 아니라 아름다움이기 때문이다. 조금 더 아름답게, 조금 더 의미 있게. 이 작은 마음이 삶에 예술을 끌어들이고 팍팍한 일상에 엷은 바람이 되어주니까.

할매들의 사진전을 다 보고 난 뒤, 똑같이 시골 할매인 엄마가 핸드폰으로 찍어서 보내 준 사진들도 찾아보았다. 역시나 초점은 늘 엉뚱한 곳에 맞춰져 있고, 지구의 기울기보다 더 기울어진 각도와 때로는 칸딘스키도 울고 갈 추상화풍 사진들이 파일 안에 묶여 있었다. 베란다 화분에 꽃이 새로 폈구나, 밭에 옥수수가 여물고 있네, 강아지 살이 올랐네... 그저 보이는 것만, 혹은 보고자 하는 것만 보고 만 그 사진들을 엄마의 사진전이라고 생각하며 다시 조용히 바라보았다. 자신을 위해 하루를 기록했거나 자식을 향해 자신의 마음을 남긴 그 사소한 사진들의 속살을 짚어주지 못했던 게 미안해졌다. 그래서였던가 보다. 할매들의 사진전 앞에서 든 낯선 감정이 미안함이었던 건 엄마의 사진들과 오버랩이 되어서…

초여름의 해질 무렵, 모두 합치면 어마어마한 세월이 되는 사진전을 보고 나자 내 헛된 야망은 잠들고 촉촉한 기분이 되었다. 모든 것이 평범하지만 삶이 걸작이 되도록 살아낸 이들. 특별하려 하지 않아도 이미 충분한 존재인 당신들. 그들의 삶에서 피어나는 생생한 미감美感이야말로 예술이라는 이름에 부족함이 없다는 지당한 결론에 닿아서 흡족했다. 이것은 교과서의 교훈처럼 들리는 말이지만 나는 달리 설명할 말을 찾지 못하겠다. 굳이 다른 말을 해보자면, 사람과 삶에 가까운 예술은 화려함을 주눅 들게 한다는 정도랄까.

메일 끝에 친구가 적은 한 줄의 글이 오래 마음에 남아 맴돌았다. '전시회를 끝내려니 어쩌나 미안하던지.' 나도 볼 만큼 봤는데도 컴퓨터 화면을 쉽게 닫지 못하고 머뭇거렸던 게 이런 이유였던가 싶었다. 그래서 난생 처음으로 스스로를 해방시킨 할매들의 셔터 소리가 만세 소리처럼 귓속에서 멈추지 않는가 보다.

미술관
에서
방황하기

혼자 미술 전시회를 찾아가기까지, 그런 마음을 먹기까지 오래 걸렸다. 늘 돈이 부족한 대학생활이기도 했지만 예술 작품을 즐기는 일은 나 같은 사람에게 맞지 않은 듯 느껴지기도 해서였다. 전시회나 연주회에 가려면 옷도 더 잘 차려입어야 할 것 같았고, 감상하는 태도도 예술적이어야 할 거라는 생각이 나를 가로막았던 것 같다. 활자로 된 예술 작품, 문학만이 편안했던 것도 내 선입견과 경제 상황과 아주 별개는 아니었던 것이다. 그래서 나는 도서관에 앉아 조그만 화집들을 그토록 넘겼던 게 아니었을까. 햇살이 비쳐 들어오는 창틀이 그림의 액자처럼 반

듯한 대학 도서관 3층에서 나는 많은 화가들을 만났고 그들의 인생을 읽었다. 〈슬픔〉과 함께 울고 난 뒤, 한없이 좋아진 고흐와 왜 그토록 유명한지는 알 수 없었지만 자꾸 눈길이 가던 세잔의 사과와 시와 꿈을 함께 그려 넣은 듯한 샤갈의 환상적인 색채들에 시간 가는 줄을 몰랐다. 책 속의 손바닥만 한 그림도 이 정도인데 진짜는 어떨까하는 생각이 점점 커질 무렵 버스 정류장에 붙은 광고판을 보았다.

'사랑과 향수의 세계, 마르크 샤갈전'[*]

신의 계시나 예언과 같은 느낌이 드는 한 줄이었다. 전시회 일정과 장소를 수첩에 옮겨 적고 버스를 타고 집에 오는 동안 마음은 벌써 샤갈의 그림 앞에 가 있었다. 그 뒤로 며칠 동안 샤갈의 화집을 다시 꼼꼼하게 보았다. 이 중의 어떤 그림들이 왔을까, 책에서 보지 못한 그림도 많겠지. 실제 삶의 색채보다 훨씬 아름다운 샤갈의 색채들. 아내인 벨라를 품은 그 푸른 하늘빛을 진짜 보다니. 그 색채들 중 가장 의미심장하고 수수께끼 같은 파랑 앞에 서면 어떤 기분일까. 내 머릿속은 파랗게 홍수가 나 있었다.

[*]   1993. 8.21~10.17

계절은 늦여름에서 가을로 넘어가는 때였다. 빽빽하던 나뭇잎 사이가 넓어지며 구름이 마음껏 높이를 높이는 즈음. 덕수궁 길을 따라 순화동 중앙일보 빌딩에 있던 호암 갤러리 앞에 다다랐을 때, 내 안에 숨어있던 막연한 망설임이 살짝 깨어나는 기분이 들었다. 발걸음은 움찔거렸고 어깨는 딱딱하게 굳어갔고 시선은 온갖 곳으로 두리번댔다. 입구 앞에 있는 적지 않은 사람들의 무리 중에서 내 또래의 여자와 같이 온 엄마의 우아한 모습을 보는 순간, 돌아갈까 하고 뒤돌아서기까지 했다. 나는 전시회 입구에서 벌써 낭패감에 휩싸이고 말았다. 돈 때문이라고 이유를 댔던 모든 것은 거짓이고, 실은 내가 예술적이라고 하는 방식의 삶을 가져보지 못했다는 열등감이 진짜 이유임을 소름 돋도록 느끼는 중이었으니까. 꾹꾹 눌러놓았던 것을 그렇게 갑작스럽게 마주하자 무언가 무너지는 소리가 들리는 듯했다. 어떤 솔직함은, 숨겨놓은 마음과 아주 가까운 솔직함은 그토록 두려운 것이었다. 이제 와 생각하면, 사소하고 잘못된 감정인데 그때는 왜 그렇게도 억울하고 힘들었던지.

어떤 예술 장르든 그것을 즐기려면 어느 정도 습관이

들어야 하는데, 책과는 달리 미술이라는 예술은 내 삶 속으로 늦게 들어왔다. 늘 발버둥치는 평범한 중산층 가정의 온갖 비애와 소란은 예술의 자리를 마련할 여력이 없었다. 그러니 시골에서 자라는 동안 부모님과 함께 예술에 관해 이야기를 나누는 일 같은 건 생각지도 못했고, 유명 화가의 전시회를 직접 본 적도 전혀 없었다. 그날 미술관에 처음 갔을 때 떨림을 기대하면서도 어딘가 불편했던 기분은 그런 이유도 있었을 것이다.

그래서 나는 미술관의 다른 사람들을 관찰하기 시작했다. 내 마음에 드는 작품은 덜 유명하고 더 작은 것이었어도 사람들이 오래 서 있는 그림 앞에서 나도 오래 마주하고 서 있었다. 가까이 다가가 보기도 하고 두어 발짝 떨어져 고개를 갸우뚱거리기도 하면서 그 그림들이 무슨 말인가 해주길 바라며 서 있었다. 중요한 그림이라면 내게도 영혼의 공명이 일어나지 않을까 생각했던 것이다. 벽마다 빼곡하게 적힌 해설을 읽고 샤갈의 말들을 놓치지 않고 옮겨 적었다.

나이가 지긋한 한 무리의 여인들이 처음 들어보는 미술 용어로 대화를 나누는 것을 들으며 나도 언젠간 저런 말을 할 수 있을까 궁금해 했다. 내 눈에는 그저 천상의 색인 듯한 푸른색만 가득 차고 넘칠 뿐인데, 저들은 무엇을 본 것일까. 눈앞에 두고도 알지 못하다니. 바보같이 공손한 사람이 되어 이쪽 끝에서 다시 저쪽 끝까지 몇 번을 오갔다.

그렇게 보고 또 보았으나 백여 점의 작품들은 내게 뜨거운 흥분을 안겨주지 않았다. 내가 한 번도 예감한 적 없고 경험한 적 없던 새로운 종류의 정신적 아름다움에 온몸이 흔들리는 그런 일은 일어나지 않았던 것이다. 내 심장은 여전히 같은 박자로 뛰고 있었다. 어김없이 실망감이 섞인 열등감이 또 다시 고개를 들었다. 이 위대한 작품들의 아름다움에 내가 도달하지 못한다는 낙담이 나를 초라하게 했다. 또한 커다란 작품에 두 뼘 거리로 다가와 있는데 왜 어째서 화집에서보다 더 내밀해지지 않는지 도무지 알 수가 없어서 답답했다. 할 일도 없고 아는 사람도 없는 잔치에 참석한 사람 같이 나 자신에게 짐이 된 듯한 기분이었다.

같이 입장했던 사람들이 대부분 사라지고 나서 삼천 원의 입장료로 러시아의 초원과 지중해의 태양을 봤으면 된거라고, 내겐 '샤갈의 블루'라는 새로운 색채가 생겼으니 괜찮다고 다독이며 미술관을 나왔다. 몸은 바깥으로 돌아왔지만 머릿속에서는 계속 질문이 이어지고 있었다. 세상이 인정하는 아름다움을 마주했는데 왜 내 마음은 그렇게 굳게 닫혔던 것일까. 처음 가 본 전시회라서 어떻게 감상해야 하는지 몰라서 그런 걸까, 나의 감수성이 남보다 부족해서일까, 예술 경험이 적으니 너무 압도적이고 천재적인 작품으로 가득한 예술의 공간에서 내 몸이 저절로 위축된 것이었을까. 아니면 나는 책에 인쇄된 작은 그림에 길든 나머지 붓질이 살아 있는 진품의 위용에 당황하고 만 것일까. 옹색해진 내 걸음은 느리고 무거웠다.

아마도 나는 그때 황홀감 같은 것을 기대했던가 싶다. 점점 그늘져가는 내 삶에 깊은 흔적을 남기고 빛을 뿌려줄 그런 순수한 기쁨을 샤갈과의 만남에서 바라고 있었던 모양이다. 하지만 의심할 여지없이 그날의 전시회는 이루어지지 않은 만남이었다. 샤갈의 전시회에서 나는 작품에게 나를 내어주지 않았고(실은 나를 열어야 한다는 것도 몰랐고) 그래서 작품들도 나에게 자신을 내어주지 않았다는 것을 아주 많은 시간이 지나고, 더 많은 경험들을 하면서 차차 알게 되었다.

오래지 않아 나는 샤갈과의 만남을 서서히 잊었고, 그

안에서 느꼈던 여러 감정과 당혹감도 잊었다. 그러나 샤갈 이후로 두어 해쯤 미술관에 갈 생각은 하지 않았다. 깊이 묻혀 있는 의미를 꺼낼 능력도 없고, 식견을 가지고 감상하지도 못하면서, 나를 치장하기 위한 건 문화적 욕망일 뿐이라고 내 안에서 나를 가로막았는지도 모르겠다. 가난한 이십대는 조그만 것에도 크게 흔들리기도 하는 법이니까. 특히 수치심과 열등감이 합쳐졌을 때의 기억은 슬픔보다 치명적이고 끈질기니까. 샤갈까지 멀어지게 했을 것이다.

예술이 예술가 자신이나 품위 있어 보이는 예술 애호가들 혹은 돈 많은 수집가를 위한 것이 아니라는 사실은 분명하다. 그러나 이 명백한 사실을 알고 있음에도 불구하고 나는 자주 예술(특히 미술관과 연주회장) 앞에서 당황하고 하찮아지는 느낌이 들었으나, 잘하든 못하든 나만의 방황을 멈추지는 않았다. 여러 표류기와 다양한 종류의 은밀한 실패들이 반복되어도 예술을 통해 나를 발견할 수 있다는 수많은 이들의 말을 믿고 싶었다. 그러는 사이 시간은 빨리 흐르고 나는 느리게 자랐다. 다행히 그림들은 그 자리에서 기다리고 있었다.

생각해 보면, 내 삶이 강물의 소용돌이에 붙잡힌 여린

나뭇잎처럼 이리저리 흔들릴 때마다 나는 그림들을 마주했다. 희한하게도 나를 혼자 두지 않는다는 그 느낌이 포근해서 기억의 벽마다 꽂아둔 그림들이 늘어갔다. 내가 그렇게 너덜거리는 때에 아무 말 없이 나를 안아 준 수많은 그림들. 그것에 사로잡힌 한 사람의 깊은 흠모보다 더 진실한 게 뭐가 있겠는가. 그러니 필시 앞으로도 나는 방황의 길을 선택할 것이다. 내 인식을 넘어서는 작품들과 마주할 땐 껍질을 깨려는 소리가 요란하게 들릴 테고, 더 깊은 미로의 입구 앞에서는 망설이기도 할 테다. 하지만 이제 나는, 나를 응원할 수 있을 것 같다. 이 아름다움들을 누가 보라고 하지 않아도 알아볼 수 있는 사람, 내가 그런 사람이 되길 꼭 바라고 있으므로.

로맨스보다
예술

아름답거나
슬픈,
코르셋
corset

정말 긴 영화 〈바람과 함께 사라지다Gone with the Wind〉를 본 게 언제였는지, 어린 내가 그 영화를 끝까지 보긴 했는지 정확하게 기억하지 못하지만 여주인공 비비안 리의 아름다움은 오래 남아 있다. 아니 그보다는 18인치의 허리를 만들기 위해 침대 기둥을 붙잡고 숨을 참던 스칼렛 오하라, 흑인 유모에게 코르셋 끈을 "당겨, 더 당기란 말이야!" 라고 재촉하던 그녀의 가는 허리만큼은 지금까지도 생생하게 기억한다. 커다란 유모의 손아귀에 다 들어갈 듯한 허리인데도 더 바싹 당겨달라는 그 장면은 내게 무척 놀랍고 낯설며 이국적으로 다가왔다. 그리고 처음으로 코르셋이라는 이름을 알게 되었다.

사실 그때까지 나는 비비안 리처럼 아름답고 가냘프고 금발인 여자를 눈앞에서 본 적이 한 번도 없었다. 왜 안 그렇겠는가. 1980년대라면 서울에서도 흔한 일은 아닐 텐데 남쪽 마을 소읍의 어린 소녀에겐 엘리스가 가는 이상한 나라만큼 멀고 먼 낯선 세상의 사람이었으니까. 하지만 그 세계는 한 편의 영화를 통해 나에게 열렸다.

우리 집 마당만 한 방에는 옷들이 가득 걸려 있고 모자를 쓰고 드레스를 입고 심지어 비단 장갑을 끼고 사는 세계가 있었다. 마차에서 내리든 자동차에서 내리든 손을 잡아 주는 사람이 줄을 선 그 세계의 여자를 보던 나는 밋밋한 가슴의 곱슬머리였다. 그래서 더욱 궁금해 했을 것이다. 저런 여자가 되는 건 어떤 기분인지. 사람들의 눈길을 모두 끌어당기는 눈부신 얼굴과 잘록한 허리와 도도한 태도를 가진 여자. 아무래도 가슴이 자라지 않는 사춘기 소녀에게 스칼렛은 그 자체로 아름다움의 상징이 되었다. 그리고 희한하게도 그 이후로 코르셋은 내게 여성미의 매혹과 동경을 동시에 안겨주는 사물로 깊이 각인되고 말았다.

풍성하게 부풀린 드레스의 치맛자락을 더욱 강조해주

면서 가슴과 엉덩이를 풍만하게 만들어주는 신기한 속옷을 한 번쯤 입어보고 싶었다. 코르셋을 입는다면 나도 X자의 실루엣을 가지게 될 듯한 환상이 나를 오래 사로잡았다. 아름다움 중에서도 오직 인형 같은 스칼렛의 몸매와 그 몸매를 만들어내는 코르셋만이 신비로울 따름이었다.

영화나 명화 속에서 만나는 귀족 여인들은 하나같이 잘록한 허리를 하고 있다. 모두 코르셋을 착용한 덕분이지만 당시 미인의 조건에는 가는 허리가 무엇보다 중요한 기준이었다고 한다. 사교를 위해 여인들은 몇 겹이나 되는 거추장스런 드레스를 입고 높은 말에 올라타야 했는데, 이 일은 혼자서 하기엔 어려워서 누군가의 도움을 받아야 했다. 이렇게 말을 타거나 내릴 때 남자가 여자의 허리를 아주 가뿐하게 들어 올릴 수 있을 만큼, 즉 남자의 두 손 안에 허리가 쏙 들어갈 만큼 가늘어야 미인 소리를 들었다는 것이다. 내 허리를 다른 남자의 손에 맡겨야 하니 가는 허리에 대해 얼마나 집착했을지 짐작이 되기도 한다. 그러므로 그녀들에게 코르셋은 자존심과 명예, 아름다움을 만들어주는 그 무엇보다 중요한 사물이었을 것이다. 스페인의 한 왕비는 허리둘레가 고작 14인치였다고 하니, 코르셋이 부와 권력의 표상이었으리라는 생각은 억측이 아닐 것이다.

유행과 시대에 따라 다양한 모습의 코르셋이 나타나고 변형되었으나 코르셋을 착용하는 목적은 크게 변하지 않았다. 에로틱함을 극대화하여 자신이 중요한 인물인 듯 주목받고 싶은 그 마음. 그래서 극단적으로는 코르셋의 지지대를 고래 뼈나 강철로 만들었다가 호흡곤란과 늑골 골절까지 일으켰다는 기록이 남았을 터.

어쨌거나 조금만 더 당기라는 스칼렛의 목소리에 이런 역사와 문화의 숨겨진 모습이 담겨 있었음은 차차 알게 된 사실이었다. 코르셋의 그 단단한 곡선 속에 아름다움을 넘어 시대의 이념과 여성의 몸에 가해진 사회적 요구가 내포돼 있다는 것을 십대 초반의 내가 어찌 알 수 있었겠나. 그 시대가 규정한 이상적 여성상이 얼마나 비현실적인 것인지 따위의 훌륭한 통찰은 고사하고, 나는 스칼렛의 예쁜 몸을 완성해 준 신기한 물건의 실물을 구경하고 싶은 마음뿐이었으니까. 비비안 리 같은 사람만이 입는, 다른 나라 다른 종족이 입는 아름다움의 외피를 딱 한 번만이라도 입어보고 싶었다. 때문에 첫사랑만큼이나 짜릿한 것은 처음 입은 코르셋뿐이라고 한 어느 미국 시인의 글을 읽었을 때 나는 신나게 손뼉을 쳤던 거다.

84

허나, 입기는커녕 구경도 못한 채 서른을 갓 넘기고 얇고 뒤숭숭한 잠이 잦던 무렵. 내가 알던 것과는 완전히 다른 코르셋을 보았다. 스칼렛과는 정반대의 위치에 있는 프리다 칼로의 코르셋이었다. 그림 속이었지만 석고로 뜬 그녀의 코르셋을 보는 순간, 보이지 않게 나를 옥죄던 무언가가 벗겨지는 느낌이 들었다. 스칼렛의 코르셋이 '보이기 위한 몸'을 만들었다면, 프리다의 코르셋은 '살아내기 위한 몸'을 그대로 드러내고 있었기 때문이다.

겨우 열여덟의 프리다 칼로는 온 몸이 망가지는 사고를 겪고 평생 동안 몸을 지탱해 줄 코르셋을 착용했다. 코르셋은 그녀의 파열된 척추와 장기를 떠받치는 필수적 지지대였다. 그녀는 코르셋을 입고 그 모진 삶을 다 견뎌냈고, 누구도 건드릴 수 없고 누구도 파괴할 수 없는 자신을 코르셋으로 에워쌌다. 가죽이나 강철, 석고 등 몸의 상태에 따라 다르게 착용해야 했으므로 여러 종류의 코르셋을 가지고 있었다. 어쩌면 그녀보다 많고 다양한 코르셋을 가진 사람은 없었을지도 모른다. 다만 귀족부인의 코르셋이 아니라 삶을 받쳐 줄 갑옷 같은 코르셋이어야 했던 것이 아주 많이 달랐지만 말이다.

그러나 프리다 칼로가 누구인가. 생을 헐어 그림을 그린 이가 아닌가. 그녀는 이 강철과 석고의 기구들을 단지 생존의 장치로만 놔두지 않았다. 자신의 육체적 고통을 상기시키는 기구였으나 그것을 단순히 참지 않고 하나의 예술적 캔버스로 바꿔 버렸다. 차마 자기 앞의 하루를 삶이라고 부를 용기가 나지 않던 날에도, 사랑의 배신에 부서진 날에도, 그녀는 코르셋 위에 그림을 그렸다. 그것에 색을 입히고, 일기를 쓰고, 자신의 고통을 시각화하여 세상에 내보였다. 계획 없이 마구 그려진 코르셋 위의 그림과 낙서들은 그녀의 간절한 기도와 의지의 다른 언어였던 것이다.

그래서였을까. 이백 여점에 가까운 그녀의 많은 자화상 중에서도 가장 어두운 비극처럼 보였던 〈부러진 기둥The Broken Column〉에 유독 더 큰 아픔을 느꼈던 게. 몸의 한가운데가 쪼개진 여자가 온 몸에 못이 박힌 채, 부서진 척추 대신 신전의 기둥을 세워놓고 눈물을 흘리고 있는 그림. 그리고 어김없이 단단한 코르셋으로 몸을 감싸 안은 모습.

아름다운 구석이라고는 전혀 없는, 한없이 아프고 피하고 싶은 이미지였지만, 희한하게도 그 내부에 담긴 저항과 의지가 그림을 떠나지 못하도록 붙잡았다. 곁눈질로 흘끔

거리다가 고개를 정면으로 돌리기까지 한참 걸렸다. 어떤 아픔이 깨어나는 기분을 느끼고 싶지 않았지만 이미 문은 열린 뒤였다.

너도, 네 척추도 이만큼 부서지지 않았냐고 묻는 듯했다. 폐허 위에 다시 서기 위해선 네게도 강철 코르셋이 필요하다고. 앞으로도 삶은 붕괴와 재건의 연속이니 몸과 분리되지 않는 자아를 지켜줄 그런 코르셋을 입으라는 목소리를 들은 듯도 했다. 왜냐하면 그때 내 삶은 곤두박질을 치고 있었으니까. 엄마라는 역할도 딸이라는 자리도 글 쓰는 일도 다 휘청거리는 때였으니까. 세상에 뿌려진 무성한 소문과 뼈를 얼어붙게 만드는 냉소에 맞설 힘이 조금도 없었으니까. 부러진 기둥이 무엇이며 어떤 일인지 내가 모를 수 없었다.

다시 돌아가고 싶지 않은 삼십대를 지나는 동안, 슬플 땐 더 슬픈 음악을 들으라던 어느 음악가의 말처럼 나보다 더 아팠던 그녀의 그림들을 보고 또 보았다. 파괴된 몸 위에 예술을 덧씌우며, 자아를 그리는 동시에 견디는 그 그림들을 수없이 마주했다. 누군들 가슴에 부서진 기둥 하나쯤 없을라고. 저만큼 부서지고도 다시 일어서는데, 이게 뭐라고. 이런 목소리가 내안에서 저절로 생겨날 때까지 그녀의 코르셋을 안고 있었다. 어쩌면 우리가 기다리는 그 좋은 일, 기적이라는 것도 그저 한 사람의 끝없는 의지가 이루어내는 일이라는 생각에 이를 때까지 그녀의 손을 잡고 있었다. 그 시간은 네댓 번의 봄을 보낼 만큼 제법 길었다. 덕분에 나는 내 심장을 조금 다듬을 수 있었다.

한 마디로 칼로의 코르셋은 드러나는 고통의 미학이었고, 전복이고 재구성이었으며, 예술로서의 생존 방식처럼 보였기에 내게 각별한 인식을 주었던 것 같다. 그런 연유로 그녀가 살던 멕시코의 파란 집은 고흐의 밤의 카페와 나란히 나의 예술 순례지 목록에 올라 자리를 지키고 있는 것일 거다. (꿈에도 그리는 나만의 예술 순례가 언제쯤 가능할진 모르겠지만…)

황홀과 불편을 함께 제공하는 두 개의 코르셋은 때론 무구한 모습을, 때론 아픈 삶을 감당해냈다. 그리고 의식적이든 아니든 자발적이든 아니든, 나는 그 코르셋들을 입었다고 생각한다. 코르셋으로 완성한 스칼렛의 뒷모습을 보며 소녀다운 꿈을 꾸었고, 운명을 회피하지 않는 프리다의 튼튼한 석고 코르셋에서는 삶의 이면을 읽었으니까.

로맨스보다
예술

둘은 극명한 대비를 보이지만 내 안에서 내 삶과 뒤섞이며 여러 가지 질문을 만들어 나를 바꿨다. 여자의 아름다움은 누구의 시선으로 구성되는가. 몸은 무엇을 기억하고 어디까지 말하는가. 그리고 예술은 고통과 침묵을 어떻게 해석하는가.

물론 아직은 이 질문들에 대한 좋은 대답을 찾아내지 못했으나, 인생의 자잘한 비극에 두드려 맞는 나를 지탱해줄, 나만의 코르셋을 이제 가진 듯도 하다. 필시 그러리라 믿고 있다.

첫
시집과
부끄러움의
무게

세상에 이름을 올린 나의 첫 책이 집으로 오던 날은 봄꽃이 절정이던 때였다. 겨울 내 꽃보다 더 기다리던 책이었는데 분홍빛 표지를 보는 순간, 나를 덮친 느낌은 분명히 기쁨이 아니었다. 시집의 모양을 갖추고 이름을 붙여놓은 시는 노트에 적혀 있던 시와는 다른 것이 되어 있었다. 내가 끝까지 감당해야 할 게 생겼구나. 이 생각과 함께 머릿속은 아득해지고 가슴은 서늘하게 식어갔다.

어떠한 이유였던 간에 등단 후 십 년의 공백은 생각보다 큰 깊이였다. 지금보다 한참 어리고 민감하던 나이, 스물다섯에 시인이라는 이름을 얻었는데 서른여섯까지 단한 번의 발표도 문단 활동도 없이 지냈으니 무엇으로도 시인이 아니었던 긴 세월이었다. 그 시간 동안 일기장 여기저기에 남겨놓은 시의 흔적들이라고 할까. 시인이길 잊지 않으려 애쓴 나의 발버둥이라고 할까. 그것들이 우연히 찾아온 기회에 하나로 묶여진 게 나의 첫 시집이었으니, 첫 책은 '첫'이라는 말이 담아야 할 열정을 담지 못했고 뼈를 깎는 퇴고의 시간을 담지 못했다. 무슨 말로도 변명할 수 없이 부족한 것이 사실이어서 첫 시집을 대면하는 바로 그때, 나는 앞으로 나를 옥죌 것이 무엇인지 알았던 것 같다.

무엇보다 나는 부끄러움이라는 단어의 진짜 무게를 느꼈던 것이다. 문장의 미흡함에 대한 부끄러움뿐 아니라 지극히 사유하지 못한 것에 대한 부끄러움이 첫 책의 즐거움을 다 덮어버렸다. 가족들의 꽃다발도 몇 안 되는 지인들의 축하 인사도 부끄러움만 더 무겁게 할 뿐, 나는 쥐구멍 같은 곳이 없을까를 궁리했다.

책이 나오면 눈앞의 세상이 달라질 줄 알았는데 이렇게 정반대의 방식으로 달라질 줄은 상상도 하지 못했다. 수십 명의 문인들에게 시집을 보낸 걸 가슴 치며 후회했다. 아웃사이더 시인이니 부디 아무도 눈길 주지 말기를 빌기도 했다. 책을 출간하는 일이 어떤 것인지, 왜 아무도 정직하게 내게 말해주지 않았는지 원망스러웠다. 그러다 우연히 햇살 같은 글을 읽고는 체통 없이 왈칵 눈물을 쏟을 뻔 했다.

아르헨티나의 작가 호르헤 루이스 보르헤스의 인터뷰였다. 노년의 그는 자신의 첫 시집에 대한 일화를 담담한 목소리로 이야기했다. 이십대 초반 보르헤스는 첫 책을 출간했는데 얼마 지나지 않아 모든 책을 다 수거해서 태워버리고 싶었다는 고백이 적혀 있었다. 잊어버리고 싶을 만큼 부끄러웠기 때문이었다고. 그때 당시 겨우 75권의 책이 팔렸기 때문에 아직은 자신이 통제할 수 있다고 느꼈고, 그 책을 산 사람들을 직접 찾아다니면서 사과의 말을 전하고 책을 돌려달라고 부탁하고 싶었다고 했다. 다음 책이 더 좋을 거라는 약속을 하면서.

신이 있다면 이 이야기는 신이 내게 준 구원이라는 생각이 들었을 만큼 그 순간 나는 보르헤스에게 고마운 마음이었다. 한 단락의 글을 몇 번이고 다시 읽었다. 어느 누구도 거장이 아니라고 말 못할 보르헤스도 저런 과정을 지나왔는데 하물며 내가 부끄러움 앞에 어찌 머리를 조아리지

로맨스보다
예술

않을 수 있겠는가. 방 안으로 범람한 달빛 같은 이야기에 흠뻑 젖은 그 후로 나는 첫 책에 대한 여러 작가들의 이야기를 발견할 때마다 노트에 옮겨 놓았다.

러시아의 근대문학을 연 니콜라이 고골도 보르헤스와 다르지 않았다. 첫 시집『한스 큐엘가르텐』을 자비로 출판한 후, 잡지에 혹평이 실리자 스스로 수거해서 소각하였다고 한다. 그러고는 자신이 한 그 모든 일이 창피해서 미국으로 가려다가 간신히 마음을 바꾸고 다시 글을 썼다는 사실에 그의 책을 찾아 읽으며 혼자 용기를 얻기도 했다.

생전에 이미 갈리마르 출판사의 플레야드 전집 총서에 오르는 영광을 누렸던 프랑스의 국민시인 르네 샤르는 또 어떤가. 그는 열여섯 살에서 스무 살 사이에 쓴 글들을 모아 첫 시집『심장 위의 종鐘들』을 한정판으로 출간했는데, 2년 후 친구들에게 헌정했던 시집들까지 찾아내어 스스로 불태워 버렸다. 제목도 졸렬했고 시들 또한 허락될 수 없는 것들이라서 파쇄할 수밖에 없었노라고 먼 훗날에야 자신의 행동을 설명했다.

이들처럼 직접 몸으로 나선 작가는 몇 안 될지라도 자신의 첫 번째 책을 미출간 상태로 되돌리고 싶어 하는 작가들의 이야기는 많다. 보르헤스처럼, 고골과 샤르처럼 모조리 사버리려고 돌아다니고 다시 돌려받아 소각한 작가들의 마음은 똑같은 것일 거다. 나도 이미 겪었던 그 부끄러움, 펼치면 언제나 얼굴을 조금 숙이게 만드는 미숙함을 숨기고 싶은 것이다. 하지만 나는 그들처럼 돌려달라는 말을 할 기개조차 없었으므로 다음 책이 더 좋도록 하겠다는 보르헤스의 간절한 약속만을 마음에 꼭꼭 새겼다.

작품에는 작가의 온갖 면모가 고스란히 드러나기 마련이다. 싫어하는 것은 물론이고 무지하고 무식한 모습, 거짓되거나 미련한 것까지 완벽히 숨길 수가 없다. 그래서 내 글이 부족한 건 내가 부족하다는 의미 같아서 스스로를 더 힘들게 만들기도 한다. 글 쓰는 작업 자체가 나의 불완전성을 자꾸 들추어내는 것이라 해도 좀체 익숙해지지 않는 건 사실이다. 게다가 내가 매일 하는 일이란, 아름답다고 생각했던 어제의 문장을 오늘 가차 없이 지워버리는 일이니 언제나 좌절의 기분을 느낄 수밖에 없는 것이다. 문장은 왜 하루가 지나면 그렇게나 평범하고 엉성하거나 어색해지고 마는 건지… 문학에 서서히 잠식될수록 더욱 분명하게 알게 되는 한 가지는 낡은 생각의 조각으론 튼실한

집을 지을 수 없다는 점뿐이다. 얕은 곳을 깊은 곳처럼 보이게 만들어도 결국 한 걸음이면 밝혀지고 마는 법이니까.

하지만 긴 시간의 속앓이와 백지 공포증에도 불구하고 첫 시집을 냈던 것만큼은 잘한 일이었다고 지금은 생각한다. 아무리 서툰 것이라 해도 시작하지 않으면 그 다음 발걸음을 내디딜 수 없는 일이니까 그렇다. 이 뻔한 결론에 이르도록 내가 한 일은 첫 시집을 태웠던 작가들과 내가 좋아하는 수많은 예술가들의 많은 작품들을 보고 읽는 일이었다. 나는 그들이 어떤 식으로 흔들리면서 자신을 확장해 갔는지 실제 작품을 통해 내가 체득하길 바랄 뿐이었다. 그러고도 종이 앞에서 불확실하고 연약해질 때면 난 차라리 부엌으로 돌아가 가족을 위해 하루를 지내는 일이 문단을 기웃거리는 것보다 낫다고 믿으며 많은 시간을 지나왔다.

그렇게 17년이라는 시간을 보내고 산수유가 노란 꽃빛을 펼쳐놓는 새봄에 비로소 첫 시집을 꺼내 먼지를 털고 다시 읽어 보았다. 처음 있던 곳, 내가 시작된 곳. 그곳으로 돌아온 기분은 묘했다. 내 부끄러움을 껴안기 위해서, 아니면 적어도 그것을 더 확실히 인정하기 위해서 '첫' 자리에 다시 앉아보니 삼십대의 슬픈 내가 거기 있었다. 세상에 숨겨온 나약함을 말할 곳이 없어서 한 편 한 편 시에 담아 놓았던 나. 그것이 나였으므로, 그 단어와 그 문장을 써야 했던 것이 내 진짜 마음이었을 것이므로 그 모습 그대로의 나를 다시 만났다.

얼마나 자주 나는 연약하게 생각했고 견디기 힘든 하루를 위로하느라 애썼는지 행간 사이사이가 젖어 있었다. 그 시간으로부터 한참 멀어진 지금의 내가 조금 낯선 과거의 나를 만나는 시간. 그랬구나, 그랬구나… 나는 그저 이 말만으로 지나간 시간과 아픔에게 다시 햇살을 비춰주었다. 마음만 먼저 달아난 거리를 좁히는데 이만큼이 걸렸다니. 그동안 나는 나의 부끄러움을 새삼 확인하고 인정할 용기를 내는 게 이토록 어려웠다니. 이젠 많이 작아졌지만 마음에 물결을 일으키는 어두운 감정들이 살짝 어른거리는 듯도 했다.

첫 시집의 시들을 처음인 듯 읽고 나니 예상과는 달리 포근한 느낌이 다가왔다. 지나간 시간이 되짚어졌고, 첫 시집에서부터 지금까지 내가 쓴 여러 종류의 책들이 한 줄로 이어지는 듯했다. 무엇보다 나를 움츠러들게 하고 아픔을 주는 것을 만나면, 나는 마지막 수단처럼 거의 구원처럼 글을 쓰려고 했음을 분명하게 확인했다. 내 존재가 먼지나 깃털처럼 세상의 작은 입김에도 날아갈 버릴 것 같은 때에는 시가 언제나 나의 누름돌이었음을 다시금 알게 되었다.

문단은 내게 언제나 환대라고는 없는 곳이어서, 여기가 아니구나 싶은 순간도 많았지만 나는 여전히 글 쓰는 사람으로 살고 있다. 문장을 통해서만 진짜 모습을 드러내는 것들이 있으므로 다시 돌아간다 해도 똑같은 선택을 할 것 같다. 시가 설령 내 힘을 넘어서는 생의 시련을 멈춰주진 못하더라도, 나는 글로써 이겨내고 일어나길 반복했으니까 말이다. 그러니 나는 부끄러움을 안고 마지막까지 성실하게 읽고 쓰는 사람으로 살지 않을까 싶다. 무엇보다 시의 곁에서.

예술이
사랑에 대해
말해 준
것들

어릴 땐 사랑이라는 말이 간지러웠다. 그리고 어마어마하게 느껴졌다. 좋아해, 라는 말을 공책 가득 적어도 '사랑'이라는 말의 무게에는 미치지 못할 듯 했다. 순정만화나 문고판 세계문학 속의 로맨스를 읽으며 사랑이라는 것을 상상했다. 순수와 행복이라는 말까지 다 품고 있는 게 사랑일 거라고. 사랑은 끝끝내 아름다운 사랑이어야 한다고.

내가 읽은 그 이야기들 중 몇몇은 비극으로 끝나거나 사랑을 찾아가는 고통스러운 과정이 있었을 텐데도 나는 봄날의 들판 같은 것들만 마음에 담았던 것 같다. 내 환상을 지키고 싶어서 그랬을 테다. 한 번의 미소처럼 왔다가 사라지고, 한 송이 장미처럼 피었다가 꺾이고, 한 번의 음악처럼 흘러 지나가는 시간 속에서, 나만은 한 사람에게 사라지지 않는 이름으로 남길 바랐으니 나는 너무 영원을 믿었던 모양이다.

그러나 정작 내가 한 사람의 눈빛과 손길을 간절히 그리워하게 되자, 단순하고 순진무구하던 시절이 끝나버리는 사태가 일어나고 말았다. 지금까지의 내 환상대로라면 사랑을 하는 사람과 그 시간은 더 환하고 따뜻해야 하는데, 현실은 정반대였다. 설레는 웃음과 뛰는 심장만큼의 불안과 질투와 욕망이 들끓어 가슴은 조용할 날이 없었다.

전화기로 평범한 이야기를 이어가다가도 문득 대화가 멈춰지던 그 짧은 순간, 혹시 내가 또 무슨 말인가를 잘못했나 싶어 자책감이 들 때의 찰나는 얼마나 길고 무거웠던가. 아니라고 하는데도 공기로 느껴지던 그 사람의 마음의 목소리에 어깨가 움츠러들어 울퉁불퉁했던 나날들. 그뿐이 아니었다. 때로는 모질고 극악한 미움이 생기는 것도 사랑 때문이라는 게 이해하기 어려웠다.

젊음의 서투름과 어리석음까지 더해 맹목적이고 답답

하며 비리디 비린 스무 살에게 사랑은 아무래도 버거운 일인 것 같았다. 아마도 환상이 사랑을 방해할 수도 있다는 걸 그때는 몰라서 서로를 힘들게 했을 것이다. 사랑은 생산적인 동시에 파괴적이라는 말을 아직 이해하지 못하던 때였으니까.

예상치 못한 일들이 떼 지어 몰려드는 게 삶이라는 것을 조금씩 알아가던 무렵, 사랑이 우리를 자유롭게 해준다는 말이 거짓말이라는 것을 배울 무렵. 내 안에는 질문이 생겨났던 것 같다. 사랑이 정말 이런 모습이라면, 이미 오래전에 이 혼란을 겪은 사람들은 무수히 많을 것이고, 그 혼란을 남겨 놓은 이들을 찾아보자고. 내가 알지 못하는 사랑의 얼굴을, 내가 마주치지 못한 마음의 반응들을. 그런 이유로 나는 사랑을 유난히 앓던 예술가들의 삶과 작품을 고집스럽게 보고 읽기 시작했다. 그만큼 사랑이 궁금했다.

지옥의 고통에도 불구하고 사랑하기를 멈추지 않는 파올로와 프란체스카부터 사랑과 죽음의 묘약을 마신 트리스탄과 이졸데, 단테의 숭고한 여인 베아트리체, 영원한 첫사랑의 로미오와 줄리엣, 수많은 연인들과 자유롭게 사랑한 조르주 상드, 피카소, 푸치니. 이들 외에도 다양한 사랑의 풍경을 지나오며 사랑의 이면과 오류들까지 속속들이 보았다.

사랑을 얻기 위해 죽음을 무릅쓰는 것이 얼마나 대단한 미덕인지를 주장한 다음 날엔, 사랑이 어떻게 변하냐고 묻던 영화 〈봄날은 간다〉의 상우(유지태 분)와 은수(이영애 분) 사이에서 어느 쪽 편을 들어야 하는지 혼자 오래 고민한 일도 있었다. 물론 이런 현상들을 붙잡고 씨름한다고 내 사랑이 수학문제처럼 정확하게 정리되진 않을 거라는 걸 모르진 않았다. 나는 다만, 누군가를 사랑할 때 내 안에서 일어나는 미묘한 경험들을 이해하고 적어도 공허한 속삭임 정도는 구별할 수 있기를 바랐다. 그 정도면 바보짓은 하진 않으리라 생각했다.

그 무렵부터였나 보다. 내가 '차가운 천국'이라는 말로 사랑을 이해하기 시작한 것이. 어렵사리 한 사람의 가슴을 열고 그 품에 안겼는데도 한없이 외로운 느낌에 쩔쩔 매야 했던 일. 아무것도 더 넣을 수 없을 정도로 한 사람이 가득한데 가득 차기 전보다 비어 있는 듯한 기분은 무엇인지. 포옹은 있지만 그 속의 냉기에 미묘한 단절감을 견디는 게 얼마나 힘들었던지 잊히지 않는다. 함께 있어도 완전히 이해할 수 없는 타자성은 사랑으로도 극복하기 어려운 것임을 그렇게 배운 듯도 하다. 클림트의 그림에서처럼 황금빛 축복이 뿌려지는 꿈같은 시간이란 없는 듯 너무 짧았으니까 말이다.

그럴수록 나는 아름다운 결말의 사랑보다 고통으로 부르짖는 사랑 이야기에 더 몰두했고, 그림 앞에서, 소설의 한 문장에서, 음악의 잔향 속에서 예고 없이 약속 없이 온갖 연인들을 마음껏 만났다. 예술가와 그들의 작품은 말로 설명되지 않는 감정의 실체를 그 어떤 것보다 사실적으로 보여주었으므로 나에겐 위대한 철학자의 탁견보다 더 쓸모가 있었다.

그중에서도 특히 카미유 클로델에 매혹된 나는 오랫동안 그녀의 많은 것을 알고자 애를 썼다. 내가 찾을 수 있는 모든 자료를 찾아가며 로댕과의 사랑 뿐 아니라 그녀 삶의 조각들을 맞춰보곤 했다. 창조의 원동력이자 파괴의 불씨였고 동시에 예술이 되는 연금술이던 그녀의 사랑. 나는 그 불길에 휩쓸려 한 세월을 그녀의 마음으로 살아내기도 했다. (결국 한 권의 책, 『여기, 카미유 클로델』이 되어서야 내 손을 떠났다.)

사랑이 너무 뜨거우면 예술은 칼처럼 예리해진다는 생각을 들게 한 사람. 예술로 사랑의 상처에 저항했던 여인. 카미유 클로델이 흙과 돌 속에 새긴 몸짓과 비틀린 실루엣은 그녀가 사랑이라는 이름으로 밀고 나갔다가 스스로 무너진 자리에 남은 형상이었다. 사랑이 때론 한 인간에게 얼마나 위태로운 감정이 될 수 있는지를, 그리고 그 감정이 예술로 옮겨지는 과정에서 얼마나 많은 자아가 부서지고 다시 태어나는지를 그녀의 작품들을 통해 조금씩 알게 되었다. 우리가 사랑에 빠지면 한 사람에게 마음만 잃는 것이 아니라 그 사람이 바라지 않았어도 자신의 삶을 송두리째 바치기도 한다는 것을 카미유보다 더 잘 보여주는 이는 없었다.

그럼에도 카미유와 로댕의 작품이 아름답다는 사실은 슬프고도 큰 위안이 되었다. 비록 결과는 병들고 고통스러운 로맨스였더라도 예술이 되는 순간, 그 사랑은 더 이상 두 사람만의 것이 아니었다. 사랑으로 아픈 이들을 위한 위로가 되었고, 잿더미 속에서도 오래도록 빛나는 감정으로 남았다. 삶이라는 예술과 예술적 삶을 오간 그들의 사랑을 세상은 뜨거운 운명의 윤곽으로 기억하고 있으니까.

책을 읽을수록, 그림을 볼수록, 예술가의 삶을 쫓을수록 사랑의 경험은 다 다르지만 비슷하고, 비슷하다고 느끼는 순간 또 다 다르다는 것만 확인했다. 곁에 둔 이에 따라, 시간의 흐름에 따라 저마다 다르게 보이는, 다르게 보이는 것이 마땅한 일이 사랑이었다. 내가 겪고 있는 사랑도 그랬다.

닿은 살갗의 느낌이 제법 익숙해진 봄밤이었던가. 사랑이 반드시 구원일 필요는 없으며 덧없이 지나가고 말더라도 영혼의 성숙을 도와준다면 그것만으로도 족하지 않을까 생각하던 시절. 또 한 사람의 놀라운 사랑을 만났다. 『제2의 성』에서 "우리는 여자로 태어나는 것이 아니라 여자가 되는 것"이라고 주장한 시몬 드 보부아르가 그 주인공이었다. 이미 90여 년 전에 사르트르와 계약결혼이라는 파격적인 삶을 직접 보여준 그녀의 전기와 작품을 읽고 있었다. 나라는 사람은 꿈도 꾸지 못할 방식으로 로맨스를 써낸 그녀는 사랑을 어떻게 말하는지 알고 싶어서였다.

유일하고 불변하고 영원한 사랑이라는, 낭만적 신화의 싹을 처음부터 잘라버린 보부아르의 세상은 다른 행성처럼 낯설었다. 두 사람은 분명 사랑하는 사이였으나 결혼을

로맨스보다
예술

거부했고, 심지어 각자 다른 연인들을 허락하기로 약속했다. 다만 서로에게 어떤 것도 속이지 않으며 솔직하기로. 그리고 끝내 그들은 그들만의 언약과 방식대로 살아갔다. 몇 번이나 세상을 떠들썩하게 하는 로맨스 사건을 만들면서도 그녀는 '내 인생에서 가장 큰 성공은 사르트르'라는 평생의 사랑과 신뢰를 바꾼 적은 없었다.

하지만 이런 감정과 태도에도 참된 사랑이라는 말을 해도 될까. 어릴 적 사랑을 향한 내 환상이 다시 고개를 들고 그들에게 불안의 눈빛을 던지게 했다. 물론 그들의 모습과 작품을 통해 나는 자유와 연애, 사랑과 소유에 대한 생각을 조금 유연하게 다듬을 수 있었지만, 때론 더 낯설고 더 복잡한 질문 앞에 서야했다. 사랑한다면 서로에게 무엇을 줄 수 있고 또 얼마나 솔직해야 하는가. 함께 있는 것보다 각자의 자유를 더 소중히 여기는 방식은 사랑을 해체하는 것일까, 아니면 더 높은 차원으로 끌어올리는 걸까.

결국 그 어떤 사랑도 정해진 형태로 완성되지 않는구나, 라는 정도가 내가 받아들인 범위였던 듯하다. 하여 내 기질이 하루아침에 보부아르처럼 바뀌는 일은 일어나지 않았고 앞으로도 가능성이 없지만, 여성이 약함이 아닌 강함으로 사랑하고, 자신에게서 벗어나는 것이 아니라 자신

을 찾아가는 여정이어야 한다는 목소리는 내 안에 선명하
게 남았다.

　헌신도 희생도 없는 사랑처럼 보여도 사유를 함께하는
동지애와 삶 전체를 걸고 서로를 읽어낸 마음이 그들에겐
사랑의 방식이었던가 보다. 나를 지우지 않고 타인을 소유
하지 않으면서도 인생을 함께 만들어가는 그들만의 로맨
스. 누군가를 끝까지 믿는 용기이자, 그 사람의 세계를 끝
내 이해하려는 마음 또한 절대로 쉽고 가벼운 건 아니다.

　나를 사로잡았던 한 사람은 미치도록 사랑하다 부서졌
고, 다른 한 사람은 명료하게 삶을 설계하는 언약으로 사
랑을 놓치지 않았다. 누가 더 옳다거나 누가 더 깊이 사랑
했다고 감히 말할 순 없을 것이다. 사랑은 방식이 다를 뿐
그 사람의 전부를 걸게 만드는 힘을 지녔고, 그 힘이 어디
로 흘러갔는가에 따라 예술의 결이 달라졌을 뿐이니까. 카
미유와 보부아르의 도취가 달랐듯이.

　돌이켜보면 나도 똑같이 그 속을 걸어왔다. 지독히 그
리웠고, 자주 상처받았고, 끝내 이해되지 않는 마음을 붙
잡고 울던 날들이 있었다. 그 과정에서 삶은 자주 균형을
잃는 쪽으로 기울곤 했지만 그 불균형을 끌어안고 노래하

는 예술과 예술가가 있었기에 조금은 덜 방황했을 것이다. 그들 중 누군가의 절망과 내 슬픔이 너무도 비슷해서 혼자라는 생각이 들지 않을 때에는, 다시 천천히 살아지는 기미를 느끼기도 했다. 예술은 그렇게 내 삶의 모서리를 어루만져주고 있었던 것이다.

그리움과 오해, 서툰 말과 무너진 침묵들, 누군가를 바라보다 내가 먼저 사라지는 듯했던 날들. 그 기억들을 품은 채 사는 지금, 나는 혼자 생각하곤 한다. 어떤 위대한 사랑도 삶의 시간 속에서만 잠시 머물 뿐이라는 사실이 쓸쓸하면서도 한편으론 마음이 놓인다고. 나무처럼, 새처럼, 책처럼 사랑도 유한하다는 건 오히려 삶에 깊이를 더해주는지도 모르겠다고.

그러다 유난히 하늘이 기울어져 보이는 날이면 나는 또 자꾸 되묻는다. 그때 나는 나를 허물면서 그를 껴안았는지, 아니면 끝내 나를 지켜낸 채 그를 아프게 했는지를. 어느 쪽이든, 그 초월적인 순간만큼은 허투루 하지 않았건만 마음 깊은 곳에 나와 그에게 미안한 마음이 고여 있는 건 왜일까.

기적이나 마법이 일어나지 않는 한, 나는 작은 돌멩이

처럼 아무 빛도 내지 않은 채 세상을 뒹굴겠지만, 그림 속 눈빛이거나 책의 문장 속에서 잊은 줄 알았던 감정 하나가 되살아나는 순간을 맞을지도 모르겠다. 그럴 때 나는 조금 더 단단해진 심지로 내 안을 바라보며, 그 감정이 바로 사랑이고, 이 흔들림이 오로지 삶이라고 속삭이는 소리에 조용히 마음을 기울일 것이다.

사랑이 시간까지 앗아간 자리에 다시 새겨지는 숨결, 그것이 곧 예술이 되어 나를 살아가게 해줄 테니, 이제는 덜 조급하게. 조금은 더 다정한 눈으로 세상을 껴안아야겠다.

나는
기억한다*

나는 기억한다, 할아버지의 담뱃갑 속 은박지에 처음으로 한글을 쓰던 다섯 살의 내 조그만 손과 그날의 대청마루를.

나는 기억한다, 내가 쓴 내 이름 글자가 예쁘지 않다고 생각했던 것을.

나는 기억한다, 중학교 입학 선물로 받았던 『한국의 명

* 조 브레이너드의 『나는 기억한다』 형식을 본떠 쓴 글이다.

시 선집』을. 내가 가져 본 첫 번째 그 시집은 여전히 내 책
꽂이에 있으므로.

나는 기억한다, 첫 사랑과 같았던 길버트 블라이스(『빨
강머리 앤』), 그리고 이상형이 어떤 사람이냐고 물으면 대
답하려 했던 피츠윌리엄 다아시(『오만과 편견』). 사람보다
더 좋아했던 그 남자들을.

나는 기억한다, 가을이면 열리던 고향의 예술제 시상식
이 있던 밤. 여고생이던 내 시의 심사평을 시인에게 직접
듣다가 주먹을 움켜쥐어야 했던 마음을. 칭찬은 다 잊고
'관념적'이라는 단어만 심장에 박혀 아프게 찌르던 긴 시
간들을.

나는 기억한다, 시 앞에 성실하라며 내게 주신 스승의
첫 시집을. 새 책을 낼 때마다 너무 일찍 떠난 스승이 생각
나서 시집을 펼치곤 한다.

나는 기억한다, 빈집에서 텔레비전으로 혼자 본 영화〈분
홍신 The Red Shoes〉속의 우아한 튀튀tutu를. 마치 안개를 두

른 듯한 신비로운 스커트. 지금도 내용은 모른 채 이국의 풍경과 아름다운 옷으로만 기억된 영화.

나는 기억한다, 여고생 때 남자고등학교 체육관에서 처음 봤던 발레 공연. 진짜 무용수들.

나는 기억한다, 시험공부 대신 애거스 크리스티의 추리소설을 읽으며 죄짓는 기분이었던 많은 밤. 성적표를 받으며 결국 죄인이 되었던 무서운 방학식날을.

나는 기억한다, 중학교 하굣길에 친구를 따라 처음 들어갔던 만화방의 매캐하고 탁한 공기와 희미한 어둠 속에서도 빛나던 내 또래들의 진지한 눈동자들.

나는 기억한다, 그 후로『굿바이 미스터 블랙』『불새의 늪』『아르미안의 네 딸들』『별의 초상』을 빌려보기 위해 내가 엄마에게 얼마나 다정하게 굴었는지를.

나는 기억한다, 또 그 후로 삼중당의 하이틴 로맨스를 몰래 빌려 와 책상 서랍 깊숙이 넣어두고 학교에 가서는 누군가 찾아낼까 봐 걱정하던 며칠을.

나는 기억한다, 남자친구와 갔던 신림동의 지하 비디오 방을. 그곳에서 본 기억나지 않는 무수한 영화들.

나는 기억한다, 삼층짜리 건물 꼭대기의 미술학원, 조용히 바라만 보다 돌아오던 곳. 창문 너머로 보이던 하얀 석고상과 이젤들. 바닥에 흩뿌려진 물감 자국의 매혹을.

나는 기억한다, 이중섭의 〈묶인 새〉, 그 새는 얼마나 나와 같은지…

나는 기억한다, 비스와바 쉼보르스카의 시집 『끝과 시작』을 읽고 그녀의 팬이 된 일과 그녀의 노벨문학상 수상 사진을 인쇄하여 지갑에 끼워 넣고 다녔던 일을. 십 수 년 뒤 유고시집을 읽으며 마음으로 감사를 전하던 나만의 애도까지.

나는 기억한다, 젊은 피아니스트가 마치 자신의 연인을 위해 연주하는 듯했던 봄밤의 〈빗방울 전주곡〉(쇼팽)을.

음악은 남아 쇼팽과 상드의 사랑을 계속 들려주고 있다니.

나는 기억한다, 그러니까 아직 한참 봄을 기다려야 했던 때에 무한 반복으로 듣던 〈겨울 2악장〉(비발디,《사계》)의 맑고 처연함을. 바이올린은 애절한 음색을 가졌다고 생각하며 뒹굴던 노란 장판의 방바닥도.

나는 기억한다, 베토벤을 따라 커피 콩 60알을 세어 커피를 갈아 마시곤 했던 아침들.

나는 기억한다, 마르셀 프루스트처럼 크루아상을 아침으로 먹었다가 속이 거북했던 하루를.

나는 기억한다, 엄마가 할부로 산 세계문학전집 세트 24권의 웅장함을. 번호를 맞춰 나란히 꽂아 놓는 것만으로도 흐뭇한 느낌이 들었던 책의 위용.

나는 기억한다, 그 세계문학전집은 내 성적표의 숫자를 아래로 내려 준 골칫덩어리였으나 내 마음의 땅을 기름지게 만들었던 것.

나는 기억한다, 『로미오와 줄리엣』을 읽고 연애 소설을 쓰던 사춘기의 낮과 밤을. 그럼에도 왜 나는 그때 작가나 시인을 꿈꾸진 않았을까. 그런데도 어찌하여 결국 글 쓰는 사람이 되었을까.

나는 기억한다, 컴퓨터로 시를 쓰기 이전을.

나는 기억한다, 신춘문예에 응모할 시를 보내러 우체국 가던 그 길을. 가슴에 꼭 품은 채 기도하며 걷던 내 젊은 날의 초겨울 아침 공기를.

나는 기억한다, 당선 소식을 들으면 얼마나 행복할 지 상상하던 시간을.

나는 기억한다, 오페라가 무엇인지 몰랐던 것을. 그리고 지금까지도 본 적이 없지만 아무렇지 않다면…

나는 기억한다, 내가 만든 예술 순례지 목록을. 고흐의 밤의 카페와 밀밭, 칼로의 파란 집, 모네의 정원, 앤의 초록 지붕 집에서 보이는 들판, 울프의 마지막을 본 우즈강과

몽크 하우스 정원의 느릅나무, 페소아가 걸었던 리스본의 산책길, 카뮈를 길러낸 알제리의 바다. 그곳에서 나를 잃어버리고 싶은 내 마음을.

나는 기억한다, 거대한 국어사전을 다 읽으려 시작했던 하루.

나는 기억한다, 아무리 열심히 읽어도 읽고 싶은 책의 목록이 줄지 않는 게 즐거운 건지 속상한 건지 구분하려던 심심한 오후.

나는 기억한다, 반쯤 피어난 장미 나무 아래서 친구의 이별이야기를 들어주던 6월의 밤과 가방 속에 있던 기형도 시집의 무게를.

나는 기억한다, 내 책의 인터넷 서점 리뷰를 보다가 컴퓨터를 확 꺼 버린 순간을.

나는 기억한다, 행운의 편지를 받으면 행복하지 않던 것을.

이
윤진

나는 기억한다, 심한 우울증을 앓는다는 독자로부터 받은 감사의 편지를. 그 편지의 답장을 열 번도 넘게 고쳤던 일을.

나는 기억한다, 라일락 이파리 맛은 첫사랑이라고 말해주는 사람과 라일락 잎을 따 먹던 대낮, 우리는 서로에게 첫사랑이 아니라서 짓이겨진 이파리를 뱉고 웃었다.

나는 기억한다, 보이저 1호가 찍은 '창백한 푸른 점'을 얼마나 많이 보았는지. 먼지 같은 작은 점 위에 살고 있는 내가 겨우 무엇일 뿐인지.

나는 기억한다, 내 지난 시간의 증인들인 책과 그림과 음악과 영화 그리고 한 번의 사랑을.

✳

김
윤선

지구별에 존재하는 모든 생명이 함께 공존하기를 바라는 고양이 집사이자 캣맘. 2004~2008년까지 샌프란시스코에 머물 때 요가와 인연을 맺고 현지 요가원에서 지도자 과정 수료 후, 2009년부터 요가와 명상과 비건 라이프에 입문하였다. 2000~2008년에는 베지테리언Vegetarian으로, 2009년부터는 채식인의 가장 엄격한 등급인 비건Vegan 생활 방식으로 전환해 현재에 이르렀다.

중앙대학교 예술대학원에서 문학예술을 공부했고, 2006년 미주중앙일보 신춘문예에서 시 〈비상구〉로 당선해 등단했다. 펴낸 책으로 에세이 『오늘부터 채식주의』, 『감정 상하기 전 요가』, 시집 『절벽수도원』과 요가 시집 『가만히 오래오래』가 있다. 2008년부터 2020년까지 도심 속 작은 정원 같은 《니콜의 흐름 요가Nicole's Vegan Flow Yoga Studio》를 운영했다. 아름다운 인연이 다해 어렵사리 문을 닫고 현재는 소소하고 지속적인 심신 단련을 통해 지치지 않는 삶을 살고자 노력하고 있다.

인스타그램 @evapoet

로맨스
보다
드레스

9년이 지난 어느 날, 파리의 한 서점에서 두 사람의 관계는 새롭게 시작된다. 〈비포 선라이즈〉를 지나온 그들 앞에 〈비포 선셋〉의 시간이 펼쳐지게 된 것이다. 프랑스 출신 배우 '줄리 델피'의 지적이고도 개성적인 모습은 영화 속 '셀린' 그 자체였다. 나는 무엇보다 그녀의 패션 스타일이 마음에 들었다. 셀린은 세미 부츠컷 진에 검은 슬리브리스 블라우스를 입고, 그 위에 크롭 길이의 단순한 아이보리 재킷을 걸쳐 입었다. 사실 세미 부츠컷 진은 오랫동안 내가 입어온 스타일이기도 하다. 굵은 컬이 들어간 어깨 길이의 머리카락 빛깔이 금발인 것만 빼면 이상하게 내 모습이 겹쳐졌다.(100% 착각이겠지만…) 언제든 걸칠 수 있는 아이보리색 재킷과 함께라면 뒤태가 돋보이는 검은 민소매 상의도 입어볼 만하겠다 싶었다. 나는 그녀가 든 가방이며 신발까지 관심을 가졌으나, 이제는 그것도 선명하게 떠오르지는 않는다.

　사랑했던 그 둘이 함께 할 시간은 오직 해가 질 때까지의 시간 속이다. 남자 주인공 '제시'는 오늘 중 비행기를 타러 곧 공항으로 나가야만 했다. 붉게 물든 노을빛 하늘을 배경으로 두 사람은 배 위로 불어오는 바람결을 맞고 서 있었다. 노을은 강물과 하늘과, 두 사람의 마음까지 붉게 물들이는 것만 같았다. 강바람에 흩날리는 셀린의 머릿결은 부드러워 보였고, 뒤트임이 과감한 블라우스의 나부낌도 인상적이었다. 하여 나는 그 무렵 해야 할 일을 미룬 채 가끔씩, 아니 꽤 자주, 패션 플랫 홈을 뒤져보곤 했다. 소소하게나마 그 여주인공의 옷을 따라 입어보고 싶었기 때문이다.

　〈비포 선라이즈〉가 찰나의 로맨스라는 일반적인 경험에 대해 이야기했다면, 〈비포 선셋〉은 오랜 동안 각자의 길을 걸어온 두 인물에게, 과거의 선택이 과연 옳은 것이

122

었는지를 질문한다. '리처드 링클레이터 감독'의 실시간 내러티브는 영화에 긴장감을 불어넣으며 줄리 델피와 에단 호크의 감정선을 이끌어가는 역할을 한다.

시공간을 초월하는 로맨스를 보여주는 비포 시리즈의 마지막은 3편 〈비포 미드나잇〉(2013년)으로 막을 내린다. 좀처럼 극장에 가는 일이 쉽지 않을 때였음에도 결말이 궁금해 개봉관에 갈 수 밖에 없었다. 보고 난 후 비록 환상은 깨졌지만, 사랑에 관한 여운을 남겨주기엔 충분한 결말이었다. 또 다른 발견이라면, 내가 비포 시리즈를 좋아했던 이유가 '현실형 로맨스'가 아닌 '환상형 로맨스'였기 때문이었다는 것도 알게 되었다. 서점에서의 마주침, 감정을 조절하며 나누는 대화, 특히 선상 장면, 기타 치며 노래하는 셀린의 엔딩 표정에 20대의 들뜸은 없었다. 그보다는 중년의 로맨스에서만 볼 수 있을 법한 체념과 어떤 관조의 느낌도 묻어나는 듯 했다. 셀린의 패션 속에서 보이는 '은근한 노출과 감춤', '여성성과 실용성'에서도 그 점을 느낄 수 있었다.

평범한 일상을 살다가도 나는 가끔씩 셀린이 입었던 옷을 찾아보았다. 그 옷을 입으면 제시 같은 남자를 만날지도 모른다는 희망을 품은 사람처럼, 우아한 로맨스 속 주인공이 되고 싶은 사람처럼 옷을 찾아 검색의 파도타기를 즐겼다. 그리고 마침내 아찔할 만큼의 반전 노출은 없으나, 느낌이 비슷한 블라우스를 찾아냈다. 셸린이 입었던 것처럼 반전이 있는 블랙 슬리브스를 찾지 못한 것은 아니었으나, 자신이 없어져서 포기하기도 했다. 그러다 마침내 청바지에 검정 스퀘어 넥 블라우스를 입고 전신거울 앞에 서 보았다. 거울 속에는 결코 영화 속 '셸린' 느낌이 난다고 볼 수 없는 평범한 중년 여자의 모습이 있었다. 조용히 해 본 이벤트였기 다행이란 생각에 피식 웃음이 나왔다.

헌데 나는 왜 영화를 보다가 그녀의 옷에 그렇게 꽂혔던 걸까. 혹시 그들의 로맨스가 부럽기라도 했던 것일까. 일찌감치 결혼해 혼자만의 자유를 만끽해보지 못한 아쉬움이 영화 같은 로맨스에 대한 환상을 품게 했던 것일까. 작가들이 그려내는 작품들 속에는 대개 작가의 욕망과 세계관이 들어있다고 볼 때, 영화 속 로맨스가 감독의 경험이거나 로망일 수 있겠다는 생각도 들었다. 불안과 불확실성 사이 그 어디쯤, 노을빛 저녁을 배경으로 두 사람은 배 위에 서 있었다. 부드러운 바람결에 흩날리는 셸린의 머리카락도, 나부끼던 검은 블라우스 자락도, 서로의 눈빛에 담겨있던 갈망도 유한한 시간 속에 있었다. 안타깝게도 그

로맨스보다
예술

들에게 남아있는 아름다움의 시간이란, 노을빛이 남아있을 동안 만큼이었다.

　문득 코코샤넬의 말, '드레스를 입은 여자를 찾아보아라. 여자가 없다면 드레스도 없는 것이다.(Look for the woman in the dress. If there is no woman, there is no dress.)'라는 한 줄이 떠오른다. 어떻게든 '옷' 찾기의 근사한 근거를 찾아내고 싶었던 나는 코코 샤넬식으로 한번 생각해 보기로 했다. 영화를 보며 드레스를 찾아보는 행위는 '여성성과 자존감'을 놓지 않겠다는 의지로 볼 수도 있을 것이라는 당찬(?) 결론을 조심스레 내려 본다.

　아무려면 나는 이제 사랑의 끝이 허망하다는 것쯤은 알고도 남을 나이가 되었다. 에로스는 멀고 아가페는 가까운 시기라고나 할까. 끝이 보이는 로맨스에 전부를 쏟을 만큼의 열정은 이제 사라지고 없지만, 호호 할머니가 되어서도 지키고 싶은 가치는 아직 충분히 남아있다. 그러니 얼마나 다행이란 말인가. 그것이 '예술을 향한 우아한 열정'이라고, '위대한 연민을 가꾸는 멋쟁이 할머니의 삶'이라고 생각나는 대로 적어본다.

　이번 가을에는 청바지 말고 샤넬라인 스커트를 입어봐

야겠다. 사람은 쉽게 바뀌질 않는다고 한다. 비포 시리즈 정도의 영감을 주는 영화를 또다시 보게 된다면 필시 또 마음에 들어온 배우의 옷을 찾아볼 것만 같다. 그러다 연애세포라도 올라온다면 글쎄다, 그건 마음이 흘러 가는대로 한번 두고 볼 일이다.

비포 선셋
Before Sunset 2004

영화 비포 트릴로지trilogy의 두 번째 작품으로, 비포 선라이즈로부터 9년 후 제시와 셀린의 재회를 그린 명작 로맨스 영화이다. 제시 역에 에단 호크, 셀린 역에 줄리 델피가 열연했다. 비포 3부작 시리즈의 순서는 비포 선라이즈(1995) → 비포 선셋(2004) → 비포 미드나잇(2013)으로 마무리 된다.

로맨스보다
예술

'예술'
의
자 리

이 세상에서 아무 논란의 여지없이 순수하게 좋고 선한 것은
여름날 날벼락처럼 찾아오는 개인적 행복과 예술뿐이다.

_알렉산드르 게르첸

    '예술'과 '예술가'를 무엇이라, 어떻게 정의내릴 수 있을
까. 과연 이런 정의가 필요하긴 한 걸까. 지금의 내게는 별
의미도, 문제의식도 필요치 않은 주제건만 문득 오래전의
일이 떠오를 때가 있다. 선배 시인과 서먹해질 뻔 했던 사
건이 있었다. 어쩌면 나는 애초부터 '예술'과 '예술가'에 대
한 어떤 로망을 갖고 있던가 보다. 등단은 했으나 그저 무

명에 가까운 시인으로서 아직 시집을 준비 중이거나 혹은 습작이 전부이던 때였다. 그럼에도 나는 나를 '예술가'라고 스스로 인정하거나 불리기를 갈망했던 것 같다.

SNS에 써놓은 개인 프로필이었는지, 어떤 매체에 소개하는 내용이었던 건지 정확한 기억은 없지만, 나는 나를 '예술가'라고 적어두었다. 내가 하고 싶고 추구하는 일이 예술의 영역이기에 나를 '예술가'라고 소개하는 것이 전혀 이상하지 않았다. 내 정체성이 '예술가'일거라고 밝히려는 순간, 그것을 본 선배는 내 예상과 달리 '꺄우뚱'하는 반응을 보이는 거였다. 나는 순간 당황했다. 왠지 모를 섭섭함이 들었으나 대수롭지 않은 척 넘겨버렸다. 앞에서는 쿨하게 인정했으나 내 머릿속에서는 수많은 생각들이 일어났다가 사라지기를 반복했다. 지금 생각해보면 왜 이런 대화가 오고갔는지 알 길이 없다.

'시를 쓰는 일이 예술에 속하지 않는다고 생각하는 걸까?' '선배는 나를 예술, 혹은 예술가의 범주에 들어갈 수 없는 사람이라 생각했던 걸까?' '선배가 생각하는 예술은 너무 고귀해서, '누구나' 함부로 쉽게 내릴 수 없는 정의와 기준이 있다는 걸까?' '나를 그 '누구나'로 생각하고 있는 걸까?' 우리의 우정이 이 정도 대화로 조용히 관계를 끝낼

128

만큼 가벼운 사이는 아니었으나, 의구심은 여전히 남아있었다.

'그렇다면 당신은 예술가인가요?, 나는 못 미치지만 본인은 예술가에 걸맞은 사람인가요?' 감정을 가득 담은 이 말만큼은 눌러 삼켰지만 응어리가 사라진 건 아니었다. 그 장면과 그 말이 쉽게 잊히지 않았다. 짐작컨대 선배는 이 일을 아예 인식하지 못했거나 내가 언짢아했다는 사실을 슬쩍 알아챘었더라도 지금은 새까맣게 잊어버렸을 것이다.

지천에 피어나는 예술 작품을 감상하기에 충분히 좋은 계절, 5월이 왔다. 집에서 조금만 걸어 나가면 닿는 들꽃천변이 바로 내가 출근하듯 나가는 신이 지어놓으신 미술관이다. 노랑과 보라 꽃과 연둣빛 잎사귀의 색 조합이 이토록 완벽하다는 것을 나는 이 들꽃들을 보다 알게 되었다. 물감을 풀어서는 미처 표현해내기가 어려우리만큼 조화로운 자연의 빛깔이다. 완성된 예술 작품 한 편과 다름이 없다. 어쩌다 가슴이 답답해질 때 천변에 나가 바람결에 흔들리는 그 들꽃들을 보면 나도 모르게 마음속에 등불이 켜지는 것만 같다.

그 이름도 어여쁜 샤스타데이지 꽃들이 한창 피어날 준비를 하고 있다. 얼마 전에 한 바탕 튤립꽃밭 잔치가 끝났는데, 이어달리기라도 하듯 천변 꽃밭은 늘 다른 종류의 꽃들로 북적거린다. 들꽃들만으로도 충분히 아름다운 천변에 대대적인 꽃밭 가꾸기까지 더해져 겨울을 제외한 계절 모두가 호사스러운 꽃밭이다. 나야 여전히 멋대로 피어난 들꽃들에 더 마음이 가지만 대지를 딛고 피어난 꽃들은 무엇이든 다 좋다. 가끔 같은 꽃무리들 속에서 저 혼자 삐죽 피어난 다른 종이거나 다른 색의 꽃과 마주할 때면 꼭 나를 보는 것 같아 길을 멈추게 된다. 꽃 앞에 자세를 낮춘 채, 내가 그러했듯 꽃이 불편해하지 않을 만큼의 거리를 둔 채로 가만히 바라보기만 해도 좋다. 그것은 그대로 어떤 기교도 느껴지지 않는 완벽한 작품들이다. 흔하디흔한 현학적인 설명 없이, 그저 바라보기만 해도 온전한 이해가 넘쳐흐른다.

얼마 전부터 나는 두 군데의 작은 미술관을 정해놓고 가능할 때마다 찾아가고 있다. 대형 전시관이나 유명 기획전에선 미처 몰랐던 매력을 느꼈기 때문이다. 그 곳에선 주기적으로 작품들이 교체되는데, 흥미로운 점이 있다. 교체주기에 따라 다른 작품들, 다른 작가들의 작품이 전시되지만 그 미술관만의 독특한 분위기와 흐름을 이어가고 있다는 것이다. 유명한 대형 전시에선 미처 몰랐던 일관된 흐름을 발견하게 된 셈이다. 그저 감상자 일뿐, 문외한인 나로서는 놀라운 발견이었다. 그리고 알게 되었다. 섬세하게 감지되는 그 흐름이란 전시를 기획하는 큐레이터나 미술관장의 취향과 세계관이 포함된 예술적 의도에서 비롯된다는 것을.

아무런 사전 정보가 없이 마주하는 회화, 설치, 조형 작품들의 세계는 들꽃천변을 걷다가 발견하는 아름다움을 느끼는 순간과도 닮아있다. 편견이나 관념이 자리하지 않는 생생한 야성의 자리이기도 하다. 똑같은 오브제를 보고서도 남들이 시도하지 않았던 세계에서 창작의 뮤즈를 발견해내는 예술가들의 눈은 푸른 바다의 심연처럼 깊다. 그 눈이 바라보는 세계의 진실을 창작의 열망으로 표현해내는 작품의 세계는 충분히 독창적이다.

선배와 달리 나는 선배와 안지 얼마 안 되어서부터 그를 '예술가'라 생각했었다. 여행지에 가면 제일 못생긴 돌 하나만 주워온다는 말을 듣고 난 이후부터였을 지도 모른다.

실제로 훗날 선배 집에 방문할 기회가 왔을 때 나는 그의 말을 확인할 수 있었다. 반질거리거나 색이 특이해서 사람들 눈에 잘 띄는 그런 예쁜 돌이 아니라, 찌그러지고 모양도 평범한 돌들을 소박하게 모아 놓은 것을 보았으니까.

내가 '예술가'라고 인정한 기준 속에는 그가 유명한 작가냐, 시인이냐의 기준이 들어있지 않았다. 유럽의 유명한 미술관 투어를 자주 하느냐 마느냐의 기준은 더욱 아니었다. 회화작품을 발표하는 화가냐 아니냐의 기준도 물론 아니었다. 누구보다 아름다움을 보고 나누며 그 속에 머무는 것을 사랑할 줄 아는 사람, 사소한 일상들 속 못생긴 돌 하나에서도 그걸 발견하고 느끼기를 좋아하는 사람, 나는 이런 이들에게만 '예술가'라는 말을 허락하고 싶었기 때문이다.

행인들이 오가는 대문 앞마당에 오랜 시간 공들여 그려 놓은 인도의 가정집 앞 만다라 그림은 예술이었다. 발길에 지워지거나 비가 오면 사라지고 말테지만 그날, 그 순간, 그 자리에서, 그 자체로 충분히 아름다운 예술 작품이었다.

예술은 아름다움을 표현하는 행위이자 아름다움을 알아차리는 감각이며 눈이라고 생각한다. 그러므로 그게 어디든 아름다움을 느낄 수 있는 개인의 자유만 있다면, 그곳이 바로 '예술의 자리'라고 믿는다.

우리가
꿈꾸던
사랑

　　같은 중학교를 나와 다른 고등학교에 진학했지만 그때 우리는 베스트 프렌드였음이 틀림없었던 것 같다. 중학교는 물론 고등학교를 지나 밝히고 싶지 않은 재수생의 시절에 이르기까지 불쑥불쑥 떠오르는 기억들을 보니 말이다. 3년을 붙어 다니던 중학교를 졸업한 후에 친구는 자신의 부모님이 운영하는 사립 여고에, 나는 공립 여고에 진학하며 이별 아닌 이별을 했다. 친구와 나는 여러모로 다른 환경 속에서 성장했지만 우리 사이에는 문학이라는 공감 코드가 있었다. 상대적으로 그 친구의 풍요로운 가정 환경과 집안 분위기가 나와는 많이 달랐지만 또래 여자애들이 느낄법한 질투심 같은 건 없었다.

서로 다른 고등학교에 다니느라 자주 못 보던 우리는 어느 날 불쑥 친구네 학교 뒤편의 오리나무 숲에 간 적이 있다. 숲에 들어가 위로라도 받고 싶었던 걸까. 우리 둘은 너그러워 보이는 나무에 등을 기댄 채 숲 사이로 푸른 사금파리 조각처럼 보이는 하늘을 그냥 바라보기만 하다 나오곤 했다. 그 시간이 그렇게 큰 위로와 치유의 시간이었다.

나고 자란 배경과 환경은 달랐지만, 우리의 마음속엔 각각의 다른 슬픔이 깃들어 있었을 것이다. 시를 좋아하는 예민한 소녀들이었다는 것 말고, 우리는 닮은 게 별로 없었다. 당연히 서로의 슬픔을 온전히 이해하지도 못했을 것이다. 그럼에도 함께 숲에 들어가 나무를 바라보는 길지 않은 그 시간 속에서 받는 위로는 크고 충만했다. 나의 소녀시절 속에는 제대로 이해하지 못했을 것이 분명한 노천명의 시 〈이름 없는 여인 되어〉를 필사한 초록빛 표지의 노트가 있다. 그리고 나는 그 숲에서 친구에게 단 한번 그 시를 읽어줬었다.

그 나이 또래들처럼 우리는 이성간의 사랑에 대해서도 관심이 많았다. 어느 날 밤인가에는 밤을 지새워가며 속내를 털어놓기도 했다. 주로 짝사랑하는 대학 선배나 동기와의 해프닝을 서로 들어주었다. 딱히 연애라 부르기도 애매한 예민한 감정의 토로 정도였을 것이다. 어쨌거나 우리는 매우 심각하고도 가슴 아픈 스무 살 청춘들이었다.

그리고 그날 친구는 메릴 스트립과 로버트 레드포드가 주연한 영화 〈아웃 오브 아프리카〉를 내게 들려주었다. 얼마간의 시간이 지나간 후 나는 그 영화를 보다가 알게 되었다. 그때 친구가 꽤나 주인공 '카렌'에 감정이입해 있었다는 것을. 특유의 차분하고도 정확한 발음과 선함이 풍겨 나오는 친구의 목소리는 은근 카렌과 닮아있었기 때문이다. 붉은 석양이 지는 아프리카의 광활한 자연을 배경으로 모차르트 클라리넷 협주곡 2악장이 흐를 때, 연인의 머리를 감겨주는 장면은 너무도 아름다웠다. 영화 속이니까 아름다웠다고, 현실이라면, 민망하고도 불편할거라는 생각이 지금은 든다. 하지만 그때 우리는 스무 살, 한창 꿈꿀 준비가 되어있는 순한 마음의 소유자들이었다.

우리는 다른 시간 속에서 영화를 감상했지만, 둘 다 '카렌'이 되어 있었을 것 같다. 데니스로 분한 위험한(?) 남성 캐릭터인 '로버트 레드포드'에게도 푹 빠져 있었을 것이다. 한 여자와 두 남자가 공유하는 어느 밤의 시간, 좋아하는 문장으로 가득한 책을 읽는 그 장면 또한 빼놓을 수가 없는 명장면이었다. 카렌과 데니스가 경비행기를 타고 내려다보는 광활한 대륙에 수많은 기린들이 뛰어가는 그 장면! 사랑하는 이와 이 아름다운 순간을 공유하고 있다는 감격에 카렌은 눈물을 흘린다. 너무 행복한 이 순간이 찰나처럼 지나가버릴 것을 알고 있기에 흐르는 눈물이었을 것이다.

그때 우리가 그 사랑에 매혹되었던 것은 철없는 스무 살이었기 때문일까? 오랜만에 떠올려 보는 〈아웃 오브 아프리카〉는 여전히 좋지만, 그때처럼 그 사랑이 부럽다는 생각이 들지 않는다. 최근 우연히 화면을 통해서 본 배우 메릴 스트립은 카렌으로 분했던 그때의 모습이 아니었다. 시간의 흐름과 함께 모든 것은 변했다. 그 영화를 상영했던 극장도, 그 시간 속에 함께 했던 관객들도 지금은 모두가 사라진 기억 속이다. 혹시나 소식이 끊긴 그 시절 단짝 친구도 변해버린 메릴 스트립을 어디선가 보았다면 내가 느낀 감정을 느꼈을까?

생일이면 생일카드에 빼곡히 사연을 적어 선물과 함께 서로를 축하해주던 우리사이가 아닌가. 마음만 먹으면 찾을 수도 있을 중학생 시절의 유일한 내 단짝 친구를 나는 찾지 않는다. 그 이유가 단지 내 게으름 탓일까. 아니 그보다는 너무 소중해서 온전히 그대로를 간직하고 싶은 마음 때문일 거라는 아름다운 핑계를 대 본다. 어쩌면 친구도 나와 같은 마음으로 아주 가끔은 〈아웃 오브 아프리카〉를 떠올려볼지도 모를 일이다.

대체로 아름다운 것들은 그대로 두어야 한다는 것을 나는 경험으로 알고 있다. 소유하고 싶어, 마침내 소유한다고 해도 그것이 가졌던 애초의 빛이 희미해져간다는 것을 말이다. 그 후로도 우리는 P시의 유일한 극장에서 〈로미오와 줄리엣〉을 봤고, 〈그리스Grease〉를 함께 보기 위해 상경하는 일도 서슴지 않았다. 도무지 춤과는 어울릴 것 같지 않은 순진하고 촌스러운 우리 눈에 비친 '올리비아 뉴튼 존'과 '존 트라볼타'의 '춤과 리듬'은 매혹의 세계 그 자체였다. 하지만 아무리 환상적인 영화를 보고 나서도 영화관 문을 열고 세상 밖으로 나오는 순간, 밀려드는 현실 앞에 서면 우리는 슬펐다. 닮은 구석이라고는 없어 보이는 우리 둘의 감수성은 슬픔 앞에서 만큼은 꼭 닮아 있었다. 그 괴리감을 피하고 싶어서 차츰 영화관을 멀리할 만큼 이상한 우리들이었다.

　다 사라진 줄 알았는데, 문득 떠오르는 안개 속 같던 사랑의 기억처럼, 그 무렵을 떠올려보는 일은 무해하고 아련하다. 한편으론 소녀 둘이서 꿈꾸었던 그 사랑이란 게 애초에 있기나 했던 것인지, 있었는데 없어진 것인지, 지금은 그게 그리 중요하지가 않다. 다만 그 시간 속에 함께 존재했던 그것만으로도, 그 청춘 충분히 아름다웠노라 말하고 싶다.

아웃 오브 아프리카
Out of Africa

시드니 폴락 제작, 감독의 1985년 영화이다. 로버트 레드퍼드와 메릴 스트립이 주연으로 출연하였다. 이 영화는 덴마크의 작가 카렌 블릭센의 자서전 Out of Africa(1937년)에 어느 정도 기반을 두고 있다. 이 영화는 아카데미상 일곱 개 부문 수상을 포함하여 28개의 영화상을 받았다.

로맨스보다
예술

빵 과

신

　　내 주위에는 늘 기독교를 권유하는 선한 마음의
친구들이 있었다. 여중생 시절 교내에서 소문날 정도로 붙
어 다니던 단짝 친구 삼총사였던 우리는 비교적 모범생들
이었다. 셋 다 글쓰기를 좋아했고 국어 성적도 괜찮은 편
이었다. 나는 시를 써서 국어선생님께 보여드리며 선생님
눈에 들고 싶어 했으나 우리 중 선생님과 가까운 친구는
유미라는 친구였다. 유미는 우리 셋 중 가장 키가 컸고 생
각과 말투도 의젓했다. 친구가 가끔 짓는 특별한 표정 속
깊은 눈 그림자는 어쩐지 아름다워서 선생님도 좋아하실
거라는 부러움이 내게 있었다.

내 소중한 친구들은 둘 다 신앙심이 깊었다. 그들은 마치 방황하는 어린 양인 나를 회개시켜야만 할 신성한 계시라도 받은 듯 틈틈이 나를 챙겼다. 아직 학생이던 때였으니 우리의 최고 이벤트는 생일선물이었으나 그들은 늘 내가 원치 않는 선물을 주곤 했다. 생일에 성경책과 찬송가라니! 나는 3년을 내리 실망했으나, 친구들은 자신들의 소원을 포기하지 않았다. 하지만 나는 결코 서운한 티를 내진 않았다.

누군가 무엇이든 강요하면 내면에서 조용히 들고 일어서는 반항의 기질 때문이었을까. 친구들이 원하는 주일 예배에 함께 한 기억이 없다. 대신 내가 원하거나 좋아하는 방식으로 내 친구들의 생일을 챙기곤 했다. 좋아하는 시와 그림을 그리고 써서 패널 액자로 만든다거나, 귀여운 것들을 선물했던 기억이 난다. 내가 그들에게 들인 정성으로 미뤄보면, 교회에 가자고 한 것 말고는 그 친구들을 정말 좋아했던 건 분명하다. 한 번쯤 같이 모여 교회에 나갈 법도 한데 어쩜 그렇게도 고집쟁이였을까. 나도 모르게 찾아온 사춘기라서 그랬을까. 아니다, 생각해보니 그럴만한 이유가 하나 있었다.

로맨스보다
예술

11살 무렵, 내가 살던 동네 아이들은 크리스마스가 되기 한 달 전쯤부터 교회에 나가기 시작했다. 선물을 받기 위해서였다. 나 역시 메시아의 탄생일보다는 그날 받을 선물에 관심이 더 많았다. 볼거리 없는 시골마을에 찾아온 크리스마스의 교회 분위기는 들뜬 기분을 느끼게 해주는 고마운 날 그 이상의 의미가 있었다. 말구유의 예수님 탄생을 축하하는 동방박사가 나오는 연극도 그럴 듯 했다. 마침내 성탄 예배가 끝나고 난 후, 각자의 손에 공평하게 주어지는 과자와 크림빵이 든 하얀 종이봉투! 그것으로 시골 마을 크리스마스 대 이벤트의 시간은 막을 내렸다.

그런데 그때 그 겨울 크리스마스에는 무엇 때문에 더 간절해졌는지, 다른 동네로까지 원정을 가게 된 것이다. 그것도 혼자서 말이다. 마침내 모르는 사람들로 가득 찬 교회의 내부로 슬금슬금 들어가 늘어선 줄을 보며 궁리 끝에 마지막 줄에 합류했을 때였다. 그런 내 모습을 처음부터 지켜보기라도 했던 것처럼 갑자기 쩌렁쩌렁한 목소리가 나를 향해 다가오는 게 아닌가.

"야, 너 윤선이지? 반갑다, 어떻게 우리 교회까지 온 거야. 윤선이 너 빵 받으려고 교회 다니지?" 나는 순간 부끄러움에 얼굴이 확 달아올라 아무 말도 하지 못했다. 그 말이 사실이었기 때문이다. 학급의 총무로 미화부장으로 나름 입지가 있던 내게 평소 존재감이란 조금도 느껴지지 않던 그 친구의 목소리가 천둥소리처럼 고막을 때렸다. 나는 아무 대답도 할 수가 없었다. 대신 그 길로 바로 교회를 돌아서 나오며 속으로 굳은 맹세를 했다.

'다시는 교회 근처에 얼씬대지 않겠어.'

나는 그렇게 교회를 나왔다. 그날 이후 크리스마스가 다가와도 동네 교회조차 나가고 싶지 않았다. 빵 때문에 신의 전당에 나갔던 내 자신이 부끄러워 견딜 수가 없었던 11살 아이는 그 길로 교회와의 모든 인연을 끊게 되었다. 그 후에도 내 주위에는 늘 전도하는 친구나 이웃들이 있었지만 다시 교회에 나가는 일은 생기지 않았다. 교회에 가지 않는 이유가 어린 시절의 그 해프닝 때문인지, 아닌지 확정 짓기는 어렵지만 결과는 그렇게 되었다.

20대 후반, 우연한 계기로 헨델의 메시아*를 독일의 클

---

* 〈메시아Messiah〉: 게오르크 프리드리히 헨델이 1741년에 영어로 작곡한 오라토리오 이다. 가사는 찰스 제넨스Charles Jennens가 킹 제임스 성경과 성공회 기도서의 시편 집에서 발췌하여 구성하였다. 1742년 4월 13일 더블린에서 초연되었으며, 이듬해 런던에서 첫 공연을 가졌다. 처음에는 대중의 반응이 미미했으나, 이후 점차 인기를 얻어 클래식 음악에서 가장 널리 알려지고 자주 연주되는 합창 작품 중 하나가 되었다.

로맨스보다
예술

래식 음반사인 그라마폰Deutsche Gramophone*의 명반 LP 전집 3장으로 처음 듣는 호사를 누렸다. 나는 그 첫 순간을 잊지 못하는데, 서곡 신포니아sinfonia는 신성한 기운의 서막을 열어주기에 충분했다. 이어서 흐르는 부드러운 테너의 목소리로 듣는 '내 백성을 위로하라(Comfort ye, my people 이사야서 40:1-3)'는 영혼을 어루만져주는 듯 했다. 경건함과 감동 사이 그 어디쯤이라고나 할까. 기독교인이 아니었지만 없던 신앙심이 올라오는 것만 같았다. 헨델은 《메시아》 오라토리오 전곡을 빠른 시일에 걸쳐 완성했다고 한다. '이 곡을 쓰는 2주 동안 신이 내게 와 함께 해주셨다'는 헨델의 인터뷰는 내가 받은 감동의 근거를 뒷받침해줄만 했다.

우리는 지금 그 어느 때보다 신의 목소리가 간절한 시대를 살고 있다. 어린 마음에 가책이 되어 발길을 돌린 내 어릴 적 교회들은 지금과는 비교가 안 될 만큼 소박하고 작은 신의 성전이었다. 만약 오늘 날의 예수님께서 그때의 나를 봤다면 '분명 괜찮다고', '어린이는 빵을 받으러 교회

---

* **그라마폰**Deutsche Gramophone: 1898년에 세워진 독일의 클래식 음반사로서 클래식 음악의 역사로 불린다. 도이치 그라모폰 또는 도이체 그라모폰이라고도 부른다.

에 가도 된다'고 미소를 담뿍 띤 얼굴로 토닥여주셨을 것만 같다. 잔뜩 움츠려든 내 작은 어깨를 감싸주셨을 것만 같다.

내게 있어 예술은 현실 속에 살게 하거나 혹은 잊게 해주는 내 영혼의 친구와도 같다. 내가 못나게 굴거나 아니거나 한결같이 내 쪽으로 전부를 열어 자신을 보여준다. 싫증내거나 오해하거나 심지어 왜곡하더라도 예술은, 아니 예술 속 작품들의 세계는 늘 그렇게 내 곁을 지켜 주었다.

구석지향으로 태어나 스스로의 소외를 즐기거나, 그렇지 못할 때 내 곁에서 음악으로, 영상으로, 그림으로, 풍경으로 다가오는 예술 작품들이 갈수록 소중하다. 창작의 순간에 깃드는 그 힘은 다른 형태의 신의 모습과 닮았다는 생각도 점점 강해진다.

물질적 풍요에 비해 정신적으로 척박한 시대를 살아내느라 현대인들의 피로가 깊다. 이럴 때일수록 번거로움을 잊고 헨델의 메시아를 들으며 그 동안만이라도 신의 품 안에 머물러 보기를!

라이프
오브
파이
Life of Pi

　　"요가 선생님이 보시면 좋아할 것 같은 영화가 있
어서요." B시의 문화센터에 나오는 한 수련생이 수업 준비
중인 내게 다가와 말을 건넸다. 우리는 화요일과 목요일,
일주일에 두 번 요가 강사와 학생으로 만나는 사이다. 충
분히 친밀해질 만큼의 시간은 아니었지만, 아닐 수도 있는
게 요가수업만의 특성 때문 일거라는 생각이 들었다. 이를
테면 요가에서는 기본적으로 몸과 마음이 연결되어있다
는 점을 중요하게 인식하고 수업을 진행하는 게 일반적이
다. 요가 안내자의 취향과 가치기준에 따라 수업의 내용이
달라질 수가 있기에 학생들도 자신의 취향에 맞는 클래스

를 찾아갈 수가 있다.

내 경우에 바르게 서 있는 자세인 '산 자세'를 안내할 때 신을 언급할 때가 있다. "발바닥에 나무뿌리가 달린 것처럼, 지금 서 있는 곳에 뿌리를 내리고 흔들리지 않는 중심을 바라봅니다." "고요한 중심 안에 거하는 내면의 신을 느껴 봅니다." '왼 발과 오른 발 사이의 간격을 몇 센티 벌리시고' 와는 사뭇 다른 안내법이 맞지 않을 수도 있고, 더 좋을 수도 있을 것이다. 위의 학생 경우엔 후자에 속했기에 내 클래스를 등록했으리라 짐작이 된다. 게다가 소수 정예의 클래스였기에 비교적 섬세한 기운의 교류가 가능했으리라 싶었다. 이런 배경을 전제로 우리 사이는 영화를 추천할 정도는 가능할 수도 있겠단 생각이 들었다.

그런 그녀가 영화를 보는데 내가 생각났다며 추천한 영화는 2013년에 개봉된 이안 감독의 〈라이프 오브 파이Life of Pi〉였다. '도대체 어떤 부분이 맞닿아 있기에?' 나는 궁금해졌다. 그때만 해도 나는 이 위대한 영화를 몰랐기에 보고 나면 타인에게 비춰질 내 모습을 짐작해 볼 수도 있을 듯 했다.

영화 〈라이프 오브 파이〉는 캐나다 소설가 얀 마텔Yann

로맨스보다
예술

Martel이 쓴 소설『파이 이야기』를 원작으로 했다. 영상미가 아름답기로 유명한 이안 감독과 탄탄한 스토리가 만나 철학과 예술성을 겸비한 역작을 탄생시킨 것이다. 소설『파이 이야기』를 알아보고 선택해 영화로 만들어낸 감독의 눈도 역작의 탄생에 있어 큰 몫을 해냈다는 생각이 들었다. 결국 이 영화로 이안 감독은 〈브로크백 마운틴〉에 이어 두 번째 아카데미 감독상을 받기에 이르렀다.

그리고 나는 그녀 말대로 내 인생 영화 리스트에 이 영화를 올리게 된 것이다. 그녀가 이 영화를 추천할 때만 해도 바쁜 일상 속의 내게 있어 그게 그리 중요하게 와 닿지는 않았었다. 그저 '추천 고맙다고, 잘 알겠다고, 시간을 내서 한 번 보겠다고' 가벼운 인사를 건넸을 뿐이었다. 그러다 문득 그녀의 추천이 궁금해지기 시작한 모처럼의 휴일, 이미 극장 상영이 끝난 후라 식탁 위에 15인치 데스크톱을 올려놓고 영화를 보기 시작했다. 추천을 받고 영화를 본 것은 그날이 처음이었다.

어린 파이가 '채식주의자'였다는 대목에서부터 나는 몰입하기 시작했다. '아, 그녀가 이 부분에서 나를 떠올렸구나' 싶었다. 〈라이프 오브 파이〉를 좋아하게 되자 나는 내가 참 예측이 쉬운 사람이라는 것을 알게 되었다. 작가라면 예측 불가한 사유의 세계 속에서, 결코 평범치 않은 비범의 영역에 속해있는 존재일거라는 바람이 없지는 않았을 텐데. 아니 어쩌면 언젠가 비범한 작품을 발표할, 특별한 사람이라 생각했을지도 모르겠다. 그러나 나는 지극히 예측 가능한 평범한 사람이란 걸 스스로 확인한 셈이었다.

'끝없이 이어지지만 끝나지 않는 숫자'라는 주인공 소년의 3.14, '파이'라는 이름은 내게 충분히 철학적으로 다가왔다. 세계 여러 나라의 종교와 신에 대한 관심이 많은 소년 파이는 어린 나이에 이미 세 개의 종교를 믿고 신앙생활을 했다. 또래 아이들이 빠져들기 쉬운 알록달록 재미있는 세속의 세계가 아닌 확정하기 어려운 영적인 세계에 관심이 컸다는 점은 특별했다. 동물원을 운영하는 집안 분위기 속에서 파이는 어릴 때부터 동물과의 교감이 일상이었다. 또 다른 주인공인 호랑이 '리차드 파커'와 만나는 첫 장면, 채식주의자 파이는 육식 동물인 호랑이에게 먹일 고기 덩이를 바닥에 던져주는 대신 손으로 직접 들고 먹게 하려고 했다. 어린 파이와 맹수와의 첫 마주침은 인생이라는 무대에 첫 발을 내딛으려는 미숙한 한 인간의 시작을 알리는 상징적 장면으로 느껴졌다. 파이는 호랑이에게 물릴 수도 있을 두려움 속에서도 철창을 향해 먹이를 든 손을 쑥 밀어 넣었다. 아버지의 제지로 무산되었지만 먹이를 향해 다가오는 파커의 눈빛에서 파이를 해치려는 의도는 읽히지 않았다. 영화를 끝까지 보고나자 이 장면이 조난 이후 둘만 살아남아 망망대해를 헤매게 될 것을 암시하는 첫 장면이었다는 것으로 이해할 수 있었다.

긴장감 감도는 그 순간, 공간을 지배하는 것은 의심과 공포의 에너지가 전부다. 그러나 그것들을 걷어내면 '파커와 파이' 두 생명체 사이에는 신뢰라는 감정이 흐르고 있을 거라는 생각이 들어왔다. 호랑이가 아이의 손을 공격할까 봐 조마조마하면서도 의심이 사라지고 난 후에 완성될 신뢰와 우정의 시작을 보고 싶었다. 그리고 나는 거기에 신의 마음이 개입될 거라는 생각이 들었다. 배가 고프지 않아도 사냥을 하는 유일한 동물인 인간과 달리, 리차드 파커로 불리는 호랑이는 파이 손에 들린 고기만을 잡아채서 먹을 것 같았다. 배가 부르면 먹기를 마친 후 조용히 파이를 응시했을 것 같았다.

내가 청년 파이 또래였을 때, 서점에 가면 온갖 다양한 책들을 탐색하다가도 결국 집어 드는 책은 『크리슈나무르티』와 『라즈니쉬』류 들이었다. 흥미로워 보이는 표지의 책들과 잡지들을 흘깃거리며 자주 마음을 뺏기면서도 말이다. 세속의 거리를 헤매는 탕아의 삶을 살다가도 언젠가는 신을 찾아 떠나는 수도승의 삶처럼, 표지에서 '정신과 영혼'의 냄새가 나는 책들이 좋았다. 성장이 늦고 먹성이 좋지 않아 깡마르고 새카만 볼품없는 소녀였던 나. 겉으로는 세상에 순응적으로 보였을지도 모르지만 나는 사실 늘 일탈을 꿈꾸는 조용한 문제아였는지도 모른다.

서울 집을 떠나 엄마 손에 이끌려 정착한 시골집은 새로운 세계였다. 요즘의 아파트와 비교하면 넓은 대지와 나무와 꽃들로 둘러싸인 집이었다. 전문가가 칠한 것이라고 하기에는 좀 허름한 페인트칠의 푸르스름한 철 대문을 열면 지붕을 덮어버릴 듯 무성한 포도넝쿨이 먼저 보였다. 짙은 나무 그늘 때문인지 낮에도 어둡고 축축한 느낌이 들었다. 마루를 지날 때면 가끔 삐걱거리는 소리가 나서 나도 모르게 뒤꿈치를 들고 걷던 기억이 난다.

그 집으로 가끔씩 누가 읽던 것인지 알 수 없는 중고 문학전집류들이 도착하곤 했다. 나는 온돌방 방바닥에 배를 깔고 엎드린 채 아무거나 손에 잡히는 대로 읽었다. 아니 읽어치웠다. 온전한 이해와는 별개로 나는 그 시골집의 어둠 속에서 『마호메트』를 읽었다. 내 또래가 읽어도 좋을 만한 책의 기준을 내릴 수 있는 것도 오롯이 나였으니, 가끔 책 속에 껴오는 야한 소설책을 읽는 재미도 괜찮았다. 돌이켜보니 나는 그때 완벽한 방임과 불안한 자유 사이에 있었던 것 같다. 신에게 기도할 줄도 몰랐고, 어떤 기도의 방식이 내면의 평안을 전해줄 수 있을지를 가늠하기엔 한창 어리고도 어리석을 때였다. 외로운 짐승처럼 그저 잡히지 않는 신의 존재를 그리워했는지도 모를 일이다.

무슨 생각이 들었는지 어느 날 엄마는 내게 금붕어를 사주어 기르게 했다. 혹시 엄마는 딸애의 마음이 병들어간다는 느낌이 들었던 걸까. 엄마는 그때도 말보다는 행동으로 자신이 할 수 있는 최선을 보여주셨던 것 같다. 매일 금붕어 밥을 주며 금붕어와 이야기를 나누며 금붕어와 시간을 보내는 시간이 늘어났다. 하지만 팔꿈치가 저리도록 엎드려 책을 읽는 나쁜 버릇이 사라지진 않았다.

금붕어들은 그리 오래 살지 못했다. 금붕어가 죽을 때

면 꼭 장례식을 해주었다. 죽은 금붕어의 연한 몸을 흙에 바로 닿게 하고 싶지 않아서 노란 개나리 꽃잎을 잔뜩 주위와 꽃자리를 마련해 주었다. 푹신한 꽃잎 위에 금붕어를 눕힌 후 개나리 꽃잎과 연두 잎사귀로 작은 금붕어의 몸을 덮었다. 나는 늘 충분히 구덩이를 팠는데 담장 아래의 붉은 흙은 언제나 부드럽고 축축했었다. 나뭇가지로 십자가를 만들어 묘에 꽂고 죽은 금붕어의 명복을 신께 빌어야 금붕어 장례식은 끝이 났다.

영화 오프닝에 타밀어로 부르는 자장가 〈Pi's Lullaby〉가 흐를 때, 나는 왜 내 어린 시절이 떠올랐을까. 그 시절의 무엇이 여전히 나를 울컥하게 하는 걸까. 그 이유를 정확하게 설명하진 못하겠다. 죽을 고비를 넘기고 무인도 섬에 도달했을 때 뼈와 가죽만 남은 리차드 파커는 조용히 섬을 응시하다가 결심한 듯 섬의 숲 그늘 속으로 사라져갔다. 한 마디 인사도 없었다. 나도 모르게 어리는 눈물 속에서, 홀연히 사라져가던 호랑이의 뒷모습이 너무 담담해서 더 아쉬웠던 이별의 장면이었다. 최선을 다해 살아온 삶에 한 점 미련도 여운도 남기지 않으려는 듯한 그 모습이 오래 남았다.

영화의 마지막쯤에 이르면 구조된 파커는 자신이 겪은 이야기를 취재 기자들에게 들려주고 난 후, 이것이 진실이 아닐 수도 있다는 가정을 제시하며 모두를 혼란에 빠트린다. '신'의 존재를 믿지 않거나, 믿고 싶지 않아 물질이 신이 되는 시대에 위트 있는 한 방을 날려주는 것이다.

어린 시절에 파이는 또래 아이들에게 이름 속 단어인 타밀어 'Pie'(오줌싸개라는 뜻) 때문에 놀림을 당한다. 그러자 놀리는 아이들에게 또 다른 뜻인 3.14의 원리를 칠판 가득 넘치게 쓰며 항변하는데, 그것이 참 인상적으로 다가왔었다. 나는 이 개성 있는 항변의 장면을 보다가 이 영화를 성장 영화라고 믿었던 것이다.

금붕어의 명복을 신께 빌었던 나는 당연히 '리차드 파커'로 상징되는 '신의 세계'를 믿는다. 현실적인 후자 쪽 '파이이야기'보다는 전자인 〈파이 이야기〉가 더 마음에 든다. 영화 속 주인공의 감정에 몰입해 가던 순간도, 음악들도, 그림과 나 사이에 들어오는 공감각적 느낌도 취향의 차이일 뿐, 어느 게 더 좋고 나쁘고의 문제는 아니라고 본다. 나도 모르게 마음이 기울여지는 그 순간의 취향들이 나를 만들어왔고, 여전히 만들어 가고 있는 중일지도 모르겠다. 형이하학적인 것보다는 형이상학적인 쪽에 가까운

예술의 취향이라고나 할까? 아니 잘 모르겠다. 그 보다는
회색주의자에 가깝다고 보는 게 더 맞을 수도 있겠다.

라이프 오브 파이
Life of Pi

소설 『파이 이야기Life of Pi』를 원작으로 한 2013년
작 영화로 명작의 반열에 올라 있는 영화라 할
만하다. '와호장룡'과 '브로크백 마운틴'으로 명
성이 높은 이안 감독이 만들었다. 인도 출신의
소년 파이를 중심으로 고난의 모험을 그린다. 자
연의 경이로움과 인간의 의지. 그리고 철학적인
메시지가 절묘하게 녹아있는 작품으로 영상미
또한 뛰어나다.

나의
팝송
입문기

13살 겨울, 방학이 지나고 나면 P여중 입학을 앞두고 있을 때였다. 집에 놀러온 외사촌 언니가 주파수를 맞춰놓은 라디오에서 흘러나오는 도노반의 〈I like you〉를 듣는 순간 나는 깜짝 놀랐다. '이런 노래가 세상에 있었단 말이지?' 그동안 들어왔던 단순한 동요의 세계가 아닌 또 다른 세상의 소리에 빠져들고 말았다. 그렇다, 당시의 내게는 '빠져 들었다'라고 말해도 될 만한 사건이었다. '얘야, 인생이란 그리 단순한 게 아니야' 라고 내 귀에다 대고 속삭이기라도 하듯 다정하고도 감미로운 목소리였다. 뭔지 모르게 말랑한 기분이 들었다.

그러고 보면 나는 늘 음악 시간이 끝난 후 치워지는 오르간이 아쉬웠었다. 오르간 아니 풍금의 뚜껑을 열어 제멋대로 연주를 하고서야 제자리로 돌아오곤 했던 아이. 단지 그 행위에 음악성의 유무를 연결시킬 수 있을지는 모르겠으나 음악에 관한 한 듣기를 넘어 악기까지도 좋아했던 것 같다. 하지만 현실은 오르간은커녕 어떤 악기도 배워본 적이 없는 평범한 시골소녀가 내 처지였다.

어쨌거나 나는 도노반의 음악을 들은 그날 이후로 그동안 들어왔던 동요들을 잊었다. 당시 우리 집에는 동네에서 유일하게 전축이 있었고 가수 이미자, 남진, 나훈아의 LP 정도를 보유했던 기억이 난다. 중학교 입학과 동시에 내 팝송 취미는 한층 더 깊어져갔다. 14살 치고는 그 음악 수준이 결코 낮지 않다고 스스로 생각했던 이유는 폴 모리아의 LP를 보유하고 있다는 것 때문이었다.

동쪽으로 난 작은 창에는 엄마가 한복 치마를 리폼해서 만든 상아빛 레이스 커튼이 쳐져있었다. 사방이 어둑해지고 난 후, 건넌 방(내 방이라고 생각했던) 문을 열면 나만의 세상이 열리는 듯 자유로운 느낌이 좋았다. 공부 좀 할 것 같은 나의 머릿속엔 온통 공상만이 가득했었다. 시험문제

집을 푸는 대신 팝송을 들으며 가사의 의미를 되새겨본다는 것은 그 무렵의 내게 꽤나 중요한 일이었다.

턴테이블에 폴 모리아의 음반을 걸 때는 행여 바늘이 튀어 음반이 긁힐까 봐 온 정성을 기울여 내려놓곤 했다. 간혹 멜로디에 섞여 흐르는 지지직거리는 소음조차 음악으로 들려오던 시절, 이 시간이 이대로 영원했으면 좋겠다 싶었다. 사춘기가 막 시작되었을 것으로 짐작되는 그 때, 커튼 밖 어둠속을 헤매는 불안한 마음을 잡아준 건 무엇이었을까. 폴 모리아의〈Love is Blue〉였을까? 조심하며 음반을 올리던 그 순간의 행위였을까?

그 무렵에 또 유난히 좋아했던 미셸 폴라레프의 〈Holidays〉도 빼놓을 수가 없다.〈Holidays〉는 스콜피언스, 비지스, 코난 그레이, 마돈나에 이어 폴 모리아의 연주곡으로 세계인들의 사랑을 많이 받은 곡이다. 하지만 내가 처음 듣자마자 감동받은 버전은 수도원의 수녀들이 합창으로 부른 〈Holidays〉였다. 그때 수녀님들이 어울려 내던 멜로디와 화음의 감동은 아직도 여운으로 남아있는데, 시간이 너무 많이 흘러서인지 자료조차 찾지 못한 아쉬움이 크다. 그 외에도 나는 이글스의 〈Take it to the limit〉, 퀸의

김
윤선

157

〈Love of my life〉, 이엘오의 〈Ticket to the moon〉을 듣고 또 들었었다. 시험공부를 핑계로 친구 집에 가서 밤을 새우며 공부 대신 라디오에 음악 신청엽서를 쓰고 장식해 보내는 일은, 시험을 앞두고 하기에 적당한 일은 아니었다.

내가 오래 머물렀던 그 방을 떠올리면 대개 어둑해질 무렵이거나, 커튼이 반쯤 가려진 한낮의 시간 속이다. 따뜻한 방바닥에 배를 깔고 엎드려 누운 자세로 책을 읽는 것도 좋았다. 나만의 시작詩作 노트를 만든 것도 아마 그 무렵쯤이었을 것으로 짐작이 된다. 학교 도서관에서 빌린 세계문학전집 한 권을 옆에 끼고 통학 버스를 탈 때면 왠지 모를 뿌듯함이 느껴졌었다. 『데미안』을 읽을 무렵엔 집을 나가고 싶다는 생각까지 했던 사춘기 소녀. 집을 나가는 것이 나를 둘러싼 불안으로부터 자유로울 수 있을지도 모른다는 순진한 믿음이라니. 얼마나 위험한 사춘기였는지 지금 생각하니 아찔하기만 하다.

이 글을 쓰기 위해 떠올려 본 그 시절은 위험한 듯 느껴졌지만, 정작 그 시간 속을 지날 때는 아무것도 모르고 보냈을 것이다. 또 한편으로 보면 나는 여전히 사춘기의 연속선상을 지나는 중이라는 생각이 든다. 육체는 이미 성장이 끝나 노화에 접어들고 있지만, 알을 깨고 날아오르려는 『데미안』속 싱클레어처럼 여전히 '성장통' 중에 있는 것인지도 모를 일이다.

그럼에도 불구하고 그 무렵의 나에게 따뜻한 이 한 마디 정도는 해주고 싶다.

"예민하게 태어나 많이 아프고 힘들었지만, 너는 그때 잘 살았다고"

"16살의 너는 충분히 아름다웠다고"

'팻 메스니
Pat Metheny'라는
장르

누군가 내게 '재즈'를 좋아하냐고 묻는다면 아주 잠깐은 망설일 것 같다. 하지만 이어서 팻 메스니*를 좋아하느냐 묻는다면 바로 '그렇다' 라고 대답할 수 있다. 팻 메스니를 알기 이전에 내가 찾아 듣던 재즈 음악은 노라 존스Norah Jones가 유일할 만큼 재즈는 그리 친한 장르가 아니었다. 음악을 좀 들었다 하는 이들에겐 빼놓을 수 없다

---

* **팻 메스니**Pat Metheny: 미국의 재즈 아티스트 비상업적인 장르인 재즈에서는 예외적이라고 할 만큼 상업적으로도, 비평적으로도 크게 성공했으며 2020년 기준 3개의 골드 디스크와 20개의 그래미상을 수상했다. 또한 팝에서부터 프리 재즈에 이르는 광범위한 음악적 스타일로 인해 10개의 다른 범주에서 그래미상을 수상한 유일한 아티스트이기도 하다.

던 마일스 데이비스Miles Davis와 빌 에번스Bill Evans같은 정통 재즈 뮤지션들의 연주들도 나는 지루하게 느껴졌었다. 이에 비해 노라 존스의 재즈는 한결 쉽고 감각적이었다. 푸른 빛 감도는 CD앨범 속 노라 존스의 부드러운 옆얼굴과 눈빛 사진도 아름다워서 좋았다. 특히나 비 내리는 날 듣는 노라 존스의 재즈는 마음을 건드려주는 특유의 감성이 있었다. 그녀의 음악 중에서 대중적으로도 많은 사랑을 받은 〈Don't Know Why〉, 〈Come Away With Me〉, 〈Sunrise〉, 〈Not Too Late〉 같은 곡들을 참 많이 들었다.

　노라 존스를 좋아했지만, 팻 메스니를 알게 된 이후로 재즈 음악을 듣는 귀가 조금은 열리는 기분이 들었다. 2004년 여름 무렵이었다. 샌프란시스코 베이 지역의 고등학교에 아들 Jay를 픽업하러 오고 가는 길. 나는 늘 팻 메스니의 CD음반을 카스테레오에 걸었다. 앨범《The Way Up》의 〈Opening & Part One〉와 〈Last Train Home〉은 Jay를 위해 내가 선곡한 곡들이었다. 우리는 〈라스트 트레인 홈〉의 인트로 속, 마치 기차가 달리는 듯한 느낌의 '찰찰 찰' 거리는 퍼커션 소리를 좋아했다. 지금 다시 들어봐도 아방가르드하고도 현대적인 예술 작품의 느낌이 든다.

1976년 데뷔 이래 총 23개의 앨범을 발표한 팻 메스니 그룹은 앨범마다 고유한 분위기와 특유의 리듬이 있는 최상의 연주곡들을 담고 있다. 그중에서도 《비욘드 더 미주리 스카이 Beyond The Missouri Sky》라는 앨범은 실제 캘리포니아를 여행하며 만들었다는 설명을 들어서인지 광활한 자연 속에 스며드는 서정적 흐름이 돋보였다. 앨범 제목이 된 '미주리 하늘 너머'라는 뜻의 곡속에서 베이시스트 찰리 헤이든과 기타리스트 팻 메스니는 기타로 대화를 하듯 연주를 이어간다. 그들은 이 앨범으로 발매 1년 만에 1997년 그래미 어워드 최우수 재즈 기악 연주상을 수상하기도 했다.

한편 대륙의 자연 경관에서 영감을 받았다는 '미주리 하늘 너머'를 듣다 보면, 캘리포니아에서 머물던 때의 기억이 떠오르곤 한다. 길눈이 어두운데도 불구하고 운전대를 잡아야 생활이 가능했던 드넓은 대륙이었다. 어느 방향으로 달려도 건물에 가려지지 않고 드러나는 광활한 하늘과 구름을 볼 수 있었다. 진중하고도 섬세하게 퉁기는 기타의 흐름은 잔잔한 물결을 만들어 어느새 내 마음을 요세미티 절벽을 물들이며 지는 노을의 장엄함 앞으로 밀어다 놓기도 했다.

나는 이 대단한 앨범 속에서 요가 수련에 쓰일 음악 한 곡을 찾아내기도 했으니, 나만의 명반이라고 자신 있게 말할 수 있을 것 같다. 그 곡은 바로《Beyond The Missouri Sky, recorded 1996》앨범의 마지막 트랙 곡 〈spiritual〉이다. 총 8분 22초의 이 곡을 알게 된 이후로 나는 요가 아사나의 맨 마지막 '사바아사나' 수련에 자주 사용하곤 했다. 의욕 충만한 초보 요가 강사의 요가뮤직 리스트에서 결코 빠지지 않던 음악이었다.

팻 메스니 앨범《The Way Up》과《Beyond The Missouri Sky》에 이어 내가 또 특별히 좋아하는 앨범은《Secret Story》이다. 나는 그중에 첫 곡 〈Above the Treetops〉를 들으며 그 신선한 시도에 놀랐다. 모던한 재즈곡에, 티벳의 챈팅*을 연상시키는 웅장하고도 동양적인 느낌의 보컬이 흘러나왔기 때문이다. 안주하지 않은 채 새로운 시도와 도전을 멈추지 않는 그들에게서는 경계를 허물고 싶어 하는 자유인의 모습이 보였다. 가만히 듣고 있으면 히말라야 고

---

* **챈팅** chanting: 단어나 구절을 반복적으로 리드미컬하게 외우거나 노래하는 행위를 의미하며, 주로 명상, 기도, 종교적 의식 등에서 사용된다.

산을 오르는 수도승과 함께 마음이 정화되는 느낌마저 들었다.

1976년에는 솔로 기타리스트로, 1978년에는 팀을 결성해 데뷔한 '팻 메스니 그룹'의 음악적 여정을 '재즈'라는 한 장르로 구분 짓는다는 것은 무리가 있다고 본다. 하여 백 마디 말이나 문장보다는 일단 먼저 음악부터 들어보라고 말하고 싶다. 기타, 피아노, 베이스, 드럼 등 전통적인 구성의 악기로 단출하고 담백한 사운드를 그리다가도 라틴, 월드뮤직을 불러오기도 한다. 2000년대 이후로 더욱 다양해진 국적의 멤버 구성에서도 보이듯이 독보적 스타일 위에 다양한 월드뮤직의 느낌을 실험하고 있는 것 같기도 하다.

이 글을 쓰던 중 재미있는 경험을 했는데, 생각지도 못하게 팻 메스니의 2024 새 앨범 -《MoonDial》투어 공연을 보게 된 것이다. 자료를 찾다가, 팻 메스니가 2025 서울 재즈페스티벌의 전야제 성격으로 9년 만의 내한 공연을 한다는 사실을 알게 된 것이다. 그동안 팬이라면서도 공연 때마다 이런 저런 이유와 일이 생겨 비켜갔는데 바로 내일이라니! 나는 급히 예매 창을 열어 살펴보았다. 이미 일반

석은 매진이었고 로얄과 스페셜 좌석 몇 자리만 남아 있었다. 잠시 망설였지만 손가락은 이미 마우스를 클릭하고 있었다. 마침내 팻 메스니와의 만남이 이뤄지는 순간이었다.

오랫동안 즐겨듣는 재즈 뮤지션인 팻 메스니를 불과 50미터의 거리에서 보게 되다니! 어느 새 70세가 된 그는 트레이드 마크라 늘 즐겨입던 줄무늬 티셔츠가 아닌 캐주얼 재킷을 걸치고 있었다. 하지만 갈색 곱슬 더벅머리는 여전했다. 마침내 그가 첫 연주를 시작하며 기타 줄을 튕길 때, 너무 크게 울리는 줄의 공명소리가 놀라웠다. 음반으로만 듣던 연주가 드디어 내 눈 앞에서 시작되고 있었던 것이다. 음악에 대한 몰입과 열정이 고스란히 느껴지는 데 비해, 말수가 적고 심지어 수줍음을 타는 듯 보이기까지 했다. 틀림없는 내향형 아티스트의 기질이 느껴졌다.

세팅된 악기 세트와 몇 대의 기타, 팻 메스니만이 무대에 올라 2시간 40여분 이상 이어지는 솔로 연주회였다. 연주에 심취할 때면 자신도 모르게 푹 숙인 고개를 리듬과 함께 좌우로 심하게 흔드는 버릇이 있다는 것도 공연을 보며 직접 눈으로 확인할 수 있었다. 그 스스로도 "오랜 세월 공연했지만 이번처럼 혼자 무대에 올라 공연 전체를 이끄는 투어는 처음"이라고 소개했을 만큼 낯선 공연 방식으로 2시간 30분 내내 솔로 기타 연주로 채운 환상적인 시간이었다.

서부 캘리포니아, 샌프란시스코 이스트 베이라는 낯선 공간이어서 더 다가왔을 수도 있었을 '팻 메스니'의 음악들. 야간 자율학습과 이른 등교 시간이 없기에 가능했던 우리 모자만의 특별한 페이지 속에 '팻 메스니'가 들어있다. 돌이켜보니 살며 소중했던 순간이라 여겨졌던 한때가 그의 음악 속에 스며들어 있다. 세월 앞에 장사가 없다고 하지만 팻 메스니와 팬인 나는 늙어가는 게 아닌, 잘 익어가고 있는 중이라 말하고 싶다.

자신이 내고 있는 기타 소리에 몰두해, 지그시 감은 눈인 채로도 능숙히 이어지던 연주였다. 집중이 깊어질수록 사정없이 가로로 흔들리던 더벅머리, 아티스트 팻 메스니를 보고 나니, 시간이 흘러 물리적 나이가 들어가도 그의 연주 세계는 더 깊은 이해와 완성을 향해 나아가리라는 믿음이 생겼다. 몇 년 후 다시 내한 공연이 열린다면, 그때도 꼭 반경 50m 이내의 자리를 잡고 앉아 연주를 볼 생각이다. 나 또한 지금보다는 머리가 한층 센 모습으로 변해있겠지만, 팻 메스니 못지않은 예술적 이해와 완성으로 좀

더 우아해져 있지는 않을까? 설혹 그렇게 되지 못한다고
해도 다음 연주에도 꼭 가리라 마음을 먹는다.

고 흐
의
호 밀 빵 *

누구나 한 번쯤은 빈센트 반 고흐_{Vincent Willem van} 의 그림과 마주한 경험이 있을 것이다. 매체는 다를지라도 말이다. 화집, 전시회, 다양한 책 속에서, 고흐를 주제로 한 영화와 음악에 이르기까지 고흐는 예술의 단독 장르로 봐도 무방할 정도에 이르지 않았나 싶다. 고흐를 대하는 현대인들의 자세는 사뭇 진지하거나, 가볍거나 다양한 포즈로 소비되고 있다는 생각을 지울 길 없다. 이를 뒷받침 하듯 우리가 알고 있는 고흐 삶의 서사는 너무나 짧고

---

* 이 글은 에세이 『오늘부터 채식주의』(김윤선)의 '빈센트 반 고흐_{Vincent van Gogh}' 편에 수록된 내용 일부를 포함하고 있다.

로맨스보다
예술

도 강렬하다. 그림을 잘 알거나 모르거나, 예술에 문외한 이거나 아니거나 그 존재 자체에 감화 받을 준비가 된 사람들처럼 굴어왔는지도 모르겠다.

〈별이 빛나는 밤에〉〈까마귀가 있는 밀밭〉을 비롯해 〈오베르의 성당〉〈고흐의 방〉, 한쪽 귀에 붕대를 감은 고흐의 〈자화상〉〈아몬드 나무〉를 떠올려본다. 누구의 마음이든 가득 채워줄 만큼 충만함이 느껴진다. 그림 속 강렬한 붓터치를 보고 있으면 예술을 향한 그의 정신적 고뇌와 고통의 순간들이 전해져오는 듯도 하다. 하지만 고흐는 살아생전 철저히 대중들에게서 외면을 받은 작가다. 지금의 이 모든 영광스러운 평가는 모두 그의 사후에 일어난 일이다. 그가 생전에 현재의 100분의 1이라도 인정받았더라면 고흐의 삶은 어땠을까. 그토록 극단적 형태로 생을 마감하지 않을 수 있지 않았을까. 안타까운 마음에 누구나 해봄직한 평범한 의문을 가져본다.

고흐는 생전에 단 한 점의 그림이 팔렸을 정도로 생활고에 시달리다 생을 마감했다. 지금 우리가 열광하는 고흐의 그림만을 대상으로 첫 전시회가 열린 것도 그가 죽은 지 2년 뒤의 일이었다고 한다. 오늘날의 영광과 나 같은 이의 추앙이 사뭇 아이러니하게 다가오는 대목이기도 하다.

수년 전, 파리여행 중에 고흐가 여생을 보냈다는 '오베르쉬르우아즈' 마을에 갈 기회가 생겼다. 감상적이지 않으려고 노력했음에도 가는 길 내내 내 머릿속에서는 어떤 알 수 없는 색채가 떠오르고 사라지고를 반복했다. 들판에 휘몰아치는 불타는 황금빛이었다가 어둠에 반 이상이 잠식된 빛이었다가. 그리고 마침내 그림 속에서 보았던 '오베르의 교회'를 지나 '까마귀가 있는 밀밭'의 배경이 된 곳에 도착했을 때 나는 그 빛의 정체를 알 것만 같았다.

　막 노을이 지기 시작할 무렵의 밀밭이 있던 자리는 황금빛과 어둠 사이의 빛으로 적막에 둘러싸여 있었다. 서쪽 하늘을 향해 서둘러 지고 있는 태양을 뒤로 한 채, 들판을 지나 동쪽의 오베르 공동묘지를 향해 나는 걸었다. 고흐를 향한 감정을 경계하려 했음에도 불구하고 걷는데 벌써 그의 고독이, 소외가 만져지는 것만 같았다.

　이처럼 조용한 단독 투어의 혜택은 파리에 사는 여행 가이드 지인의 덕분이었다. 다른 관광객의 방해 없이 나 홀로 관광객이 되어 고흐의 묘지 참배객이 될 수 있었다. 정문을 지나 왼쪽 길로 가는 동안 스쳐가는 무덤의 돌 장식 하나하나가 미술 작품들처럼 독특해 보였다. 마침내 다다른 '고흐와 테오'의 무덤은 어깨를 맞대고 누운 다정한 친구사이처럼 나란히 있었다. 다른 무덤에 비해 지나치게 소박한 규모와 돌무덤 장식이 살아생전 그를 닮은 듯해 보였다. 돌 비석에 새겨진 '고흐와 테오'의 이름만이 그들의 무덤이란 걸 알게 해주었다. 나도 모르게 잠시 고개를 숙여 목례를 했다. 그저 백 삼십 여년을 사이에 둔 화가와 감상자일 뿐이지만 그곳에서 할 수 있는 최선의 예의라는 생각 때문이었다. 몸을 더 숙이니 무덤 위를 뒤덮고 있는 짙은 초록 식물의 배경이 눈에 잘 들어왔다.

'그림을 잘 그리고 싶다' '고흐, 당신의 기운을 받고 싶다' 등의 고흐에게 보내는 편지와 메모지가 초록 배경을 뒤로 한 채 선명하게 보였다. 데생용 목탄 몇 자루와 꽃송이들도 그 옆에 함부로 떨어져 있었다.

숙소에 들어서니, 오베르 마을로 떠나기 전 오늘 아침 서둘러 일찍 문을 연 동네 빵집에서 사다 놓은 통밀 빵 한 덩이가 눈에 들어온다. 빵을 보자 문득 고흐가 동생 테오에게 보냈다는 고흐의 편지 속 한 문장도 함께 떠올랐다.

"계속 그림을 그리려면, 이곳 사람들과 함께하는 아침 식사에서 약간의 빵과 함께 마시는 커피 한 잔은 꼭 필요하다. 형편이 허락한다면, 야식으로 찻집에서 두 잔째의 커피를 마시고 약간의 빵을 먹거나 가방에 넣어둔 호밀 흑빵을 먹어도 좋겠지. 그러나 모델이 떠나버리고 혼자 남게 되면 갑자기 나약한 감정이 나를 덮치곤 한다."

고흐는 우연히 도살장을 방문한 이후로는 평생 고기를 먹지 않았다고 한다. 가난에 시달렸던 고흐가 고기 사먹을 돈이 없어서 고기를 끊은 것인지, 아닌지는 고흐만이 알 수 있는 일일 것이다. 하지만 어쩐지 고흐도 나처럼 커피와 호밀 빵을 즐겼을 것 같다는 예측이 모락모락 피어오른다. '빈센트 반 고흐'가 타 생명에 대한 연민이 어느 정도였는지 나는 알 길이 없다. 다만 그가 만약 실제로 도살장을 방문했다면 그 예민한 감각의 예술가로서는 고기를 끊고도 남았을 거라 추측이 된다. 영혼을 갈아 넣은 수많은 작품들을 남겨놓고 간 위대한 예술가에게 경외심과 더불어 안쓰러운 마음이 밀려오는 것이다.

민주주의
의
수호자들

내가 정치계(?)에 발을 들여놓은 지도 어느덧 3년이 되었다. 도저히 가만히 있을 수가 없어서 3년 전인 2022년의 대선 이후, 어느 정당의 권리당원이 되었다. 이전까지의 내 기질로 보아 의외의 사건이라 할 만한 일이었다. 언젠가 스치듯 읽었던 문고판『노자도덕경』의 한 구절 속, '백성은 임금이 있는 줄은 알지만 누가 다스리는지는 알지 못한다'에 감화 받은 내가 아니었던가. 대중가수의 노래에 감동할지언정, 그 어떤 정치인과 정치에도 관심이 없던 나는 무위를 모르는 어떤 요란한 임금으로 인해 정치에 관심을 갖게 되었다.

1980년대 우리나라의 민주주의가 격랑의 파도 속에서 소용돌이 칠 때에도 마찬가지였다. 이기적일 만큼 나는 늘 내 개인의 세상과 내 감정에만 몰두했었다. 김수영의 시 〈풀〉에서 '저항의 정신'을 읽어도, 나서기 보다는 안으로 침잠하기를 즐겼다. 초라한 현실의 와중에서도 하나의 욕망만은 살아있어, 좋은 시가 뭔지도 모르면서 좋은 시를 쓰는 유명한 시인이 되기만을 바란 것 같다.

그 무렵 유일한 내 단짝 친구의 서울 집이 상도동 언덕 위에 있었다. 나는 자연스레 그곳을 아지트 삼아 자주 드나들었다. 엄마는 집안이 부유한데다 성정이 바른 그 친구를 나보다 더 믿고 인정하는 것 같다는 묘한 느낌을 내게 주었다. 하지만 나는 그 신뢰를 이용해서 친구와 즐겁게 놀았다. 어리숙한 애들 둘이 만나 어딜 쏘다니고 무얼 하던지, 그 친구와 함께 라고 하면 만사형통이었다. 심오하거나 그렇지 않거나 친구와 나는 종종 밤을 새워가며 우리 앞의 삶을 이야기했다. 어떻게 살 것인가, 누구를 사랑하며 살 것인가, 사소하지만 우리에겐 중차대한 주제들이었다.

그러던 어느 날 우리 사이에 한 친구가 들어왔다. 그 친

로맨스보다
예술

구는 내 단짝 친구의 고등학교 동창이었고, 학생운동을 한다고 했다. 운동권인 그 친구가 아지트를 방문한 날, 사실은 나도 잠을 이루지 못했다. 밤새 도란거리는 말소리에 가끔씩 섞여 들리는 한숨과 흐느낌이 그동안 우리 둘의 대화와는 결을 달리하는 무거움이 전해져 왔다. 운동권 친구가 보기에 한없이 해맑아 보였을 게 분명한 문학소녀인 나는 그 대화에 끼지 못했다. 내가 나를 제외시킨 것이었는지, 그녀들의 암묵적인 선긋기였는지는 기억이 나질 않는다.

물론 그날 밤의 소외(?) 사건 이후로도 우리의 우정은 아지트와 더불어 굳건했다. 하지만 그 밤 내게 소외감을 안겨주었던 운동권 S여대생과 가까워지지는 않았다. 한 친구를 매개로 오래된 사이였기에 서로의 존재를 모르기가 쉽지 않았을 텐데 두 사람 다 친해질 명분을 만들지는 않았던 것 같다. 어수선한 시국 속에서 단짝 친구의 입을 통해서 듣는 그 친구의 근황은 늘 염려스러웠다. 그러다가 그 운동권 친구가 무척 좋아하는 뮤지션이 버클리 제임스 하비스트Barclay James Harvest*라는 것을 알게 되었다. 이후 나는 정말 오랫동안 그 유명한 〈푸어 맨스 무디 블루스 Poor Man's Moody Blues〉를 비롯한 그들의 음악을 샅샅이 찾아

즐겨 들었다. 핑크 플로이드Pink Floyd나 이니그마Enigma풍의 아방가르드하면서도 스케일이 큰 음악적 색채가 마음에 들었다. 정의로운 그녀가 좋아할만한 음악이란 생각이 들었다.

   그 후로 얼마나 오랜 시간이 지났을까. 스메타나의 교향시 〈나의 조국〉을 다시 듣게 되었다. 처음 들은 게 신년 음악회였던가. 아니다, 식구들이 나가고 난 오전 시간에 혼자 듣던 클래식 FM에서 였을 거다. 듣는 순간 미처 몰랐던 내 속의 애국심이 스멀스멀 새어나오는 듯 이상한 느낌에 사로잡혔다. 장엄한 교향악의 연주 속에 휘몰아치듯 흘러나오는 유려한 멜로디는 순식간에 나를 몰다우 강가로 데려가곤 했다. 그리고 알게 되었다. 베드리히 스메타나Bedrich Smetana는 체코슬로바키아의 민족주의 음악의 선구자로 손꼽힌다는 것을. 헨델의 〈메시아〉가 없는 신앙심조차 불러오는 곡이라면, 스메타나의 교향시 나의

---

* **버클리 제임스 하비스트**Barclay James Harvest: 영국의 프로그레시브 록 밴드로, 1998년 해체 후 현재 두 개의 후속 밴드로 존재하고 있다. 1966년 9월 영국 올드햄에서 베이시스트 겸 보컬 레스 홀로이드(1948년생), 기타리스트 겸 보컬 존 리스(1947년생), 드러머 겸 퍼커셔니스트 멜 프리처드(1948-2004), 키보드 겸 보컬 스튜어트 "울리" 울스텐홀메(1947-2010)에 의해 설립되었다.

조국 6편 중 2번 〈몰다우〉는 발현되지 못한 애국심에 불을 지펴주는 곡이라는 것을 말이다. 적어도 내겐 그랬다.

내가 권리당원에 가입했던 그 무렵 세월이 어지러워서였을까. 버클리 제임스 하비스트를 내게 전파했던 운동권 그 친구가 종종 생각이 났다. 그 친구가 지금의 나를 본다면 뭐라고 할지도 궁금했다. 혹시 그녀도 여전히 정치에 깊이 관심을 둔 중년으로 살고 있을까? 아예 정치 쪽과는 무관한 채로 담담히 살거나, 어쩌면 한국을 떠나 살고 있을까? 내가 그녀의 삶을 모르듯 그녀 또한 내가 지금 어떤 모습이 되었는지는 꿈에서도 상상하지 못할 것이다. 자신도 모르게 내게 전파한 '버클리 제임스 하비스트'를 아직도 내가 가끔씩 듣는다는 것과 내가 내 나름의 정치적 활동을 열심히 한다는 사실을 말이다.

문득 오래 전 한 시인친구가 내게 했던, "사람이 어떻게 중간이 없냐?" 라는 말이 떠오른다. 나는 이제 중간을 균형감쯤으로 받아들일 만큼의 여유는 생겼으니, 그만하면 다행인 셈이다.

이 글을 쓰는 동안 많은 국민들의 염원으로 세상이 제자리를 찾아가고 있으니 이제부턴 정치 유튜브 대신 클래식 듣기에 시간을 더 쓰려고 한다. '스메타나'와 '버클리 제임스 하비스트'는 클래식과 팝이라는 다른 장르임에도 마음을 웅장하게 해주는 공통점이 있다. 둘 다 내가 좋아했고, 좋아하는 서로 다른 장르의 음악들이다. 돌아오는 계절엔 오래전 그토록 많이 들었던 그 음악들을 나시 꺼내 들으며 조금 더 균형감을 길러 볼 생각이다.

로맨스보다
예술

방문
객

뜨거운 여름날 우리 자매에게 돌연 한 남자가 나타났다. 지방 소도시의 2캠퍼스였지만 시골에서 드물게 대학을 졸업하거나 다닌 딸들을 어머니는 자랑스러워했다.(참고로 생전의 어머니는 당신의 세 딸들이 최고라고 생각하신 분이었다.) 그런 어머니가 어느 날 우리에게 미션 하나를 주었다. 여름 방학을 맞이해 외국에서 온 우리 또래 먼 친척을 A시의 J대 교정으로 안내하라는 거였다. 당신에겐 그럴 만큼 각별히 의미 있는 손님이었지만 우리는 담담했다. 도대체 얼마만인지 까마득히 먼 기억 속의 작은아이는 온데간데없고, 우리 앞에는 아주 크고 멋진 남자가 서 있었다. 단단한 근육질에 해외 생활 매너가 몸에 밴 그의 모습 어디에도 내가 기억하던 모습은 없었다. 초면인 듯 낯설기만 했다.

우리 셋은 교정을 통과해 한참을 걸어야 나오는 후문을 빠져나가기 위해 걷기 시작했다. 그곳에 가서 너위를 숨식힐 참이었다. 방학 중이라 카페들 대부분이 문을 닫았지만 한두 군데 정도는 열었을 거라는 희망이 있었다. 뜨거운 햇살 아래 특별할 것도 없는 교정을 걸어가는데 애매모호하게 설레는 감정이 생겨 당황스러웠다. 남자 하나에 여자 둘, 우리는 뭔지 모를 각자의 상념의 바다에 빠진 해파리들처럼 뜨거운 여름의 공기 속을 헤엄치듯 걸었다. 그 순간 힐끗 동생을 쳐다보니 그날따라 회색 체크 기계주름 스커트와 검정 플랫슈즈가 썩 잘 어울려 보였다.

한없이 따분하거나 모호한 설렘 사이라고 해야 할까. 새삼 어리던 날의 그때 그 느낌과 감정이 미소와 함께 생생하게 살아난다. 뜨거운 여름 날 우리는 마치 미로 찾기라도 하듯 문 닫은 카페들 사이에서 갈피를 잡지 못했다. 우리 사이에 있는 연결 고리라고는 한참을 거슬러 올라가야 찾을 수 있는 혈연관계와 20대라는 게 전부였다. 그걸 매개로 이야기를 풀어내기 시작했지만 더위보다 참기 힘든 어색한 감정이 그 사이로 몰려오기도 했다.

　그때였다. 우리 셋이 손님의 전부인 공간을 가르며 어떤 음악이 흘러나왔다. 카페 안 스피커를 통해서 나오는 그 선율 속에서 얼핏 'heaven'이라는 영어 가사가 들려왔다. 그러자 그 순간 그 곡이 마치 천상에서 내려주는 천사의 손길인양 느껴지며 내 기분은 한결 편안해졌다. 방금 전 이 공간에서의 내 감정은 결코 천국이 아니었는데, 단테의 『신곡』속 천국과 지옥 그 중간쯤에 있다는 '연옥'의 느낌이 이럴까? 언젠가 다가올 구원의 순간을 갈망하며 천국과 연옥 사이를 헤매는 방랑하는 영혼처럼 알 수 없는 느낌이었다.

　이후 길을 가다가도, 일을 하다가도 어디선가 브라이언 애덤스Bryan Adams의 〈해븐Heaven〉이 들려오면 멈춰 서서 다 듣곤 했다. 자연히 처음 이 곡을 들었던 그 여름날도 떠오르곤 했다. 그리고 최근 들어서 새로운 사실 하나를 알게 되었는데 브라이언 애덤스가 비건Vegan이라는 사실이었다. 흔히 비건인들이 그러하듯 그는 동물권 활동에도 활동 범위를 넓혀가고 있다고 한다. "제 삶의 좌우명은 '당신이 동물을 사랑한다면 항상 그들을 먹지 마라!' 입니다.(My

Motto has Always Been 'If you love Animals Don't Eat Them!)"
라고 한 그의 말은, 음악만큼이나 깊은 공감을 불러왔다.

'oldies but goodies'* 다시 들어도 좋은 노래이긴 하지만, 이상하게도 이제는 그때만큼 강렬한 느낌이 들지는 않는다. 그 노래를 같이 들었던 그 먼 친척도 우리처럼 나이가 들어 해외의 어디서쯤 여전히 잘 살고 있을 것이다. 혹시라도 다시 마주칠 기회가 온다 해도 감정의 동요는커녕, 새어나오는 웃음을 참아야 할지도 모를 일이다. 아무려면 그때 우리는 모두 너무 젊었다. 육체가 피곤한 게 뭔지 모를 뜨거움으로 가득한 젊은이들이었다. 특히나 그 무렵의 나는 닥쳐오는 삶의 무게에 대해, 규정할 수 없는 그 모호함으로부터 달아나고 싶어 흔들리던 때였다.

그러나 또 한편으론 그때 그렇게 던져지듯 내게로 왔던 음악이 사실은, 정현종 시인의 시 〈방문객〉처럼 전력을 다해서 왔던 것인지도 모른다는 생각이 든다. 세상에 인연 아닌 것이 없다는 불교적 세계관처럼, 나의 감수성을 일깨워주기 위해서 온 특별한 방문객들일 수도 있었겠다 싶다.

* **oldies but goodies**： 오래되거나 구식이라고 해도 여전히 좋은 것이거나 고전적이라는 뜻으로, 보통은 노래나 영화에 대해 얘기할 때 자주 사용하는 표현임.

로맨스보다
예술

나를 찾아온 '음악이란 방문객'들과 함께 했던 순간들은 그래서 더 소중하기만 하다. 나의 과거와 현재, 그리고 미래 속에서도 함께 할 음악들이 있어서 참 다행이다. 그리하여 브라이언 아담스의 'heaven'이 흐르던 그 순간, 그게 무엇이었던 간에 그저 아름답고 찬란한 기억속이다.

米

강
미정

경남 김해에서 태어나고 자랐으며 공부했다. 1994년 월간 『시문학』에 〈어머님의 품〉으로 등단했다. 시집 『타오르는 생』, 『물속 마을』, 『상처가 스민다는 것』, 『그 사이에 대해 생각할 때』, 『검은 잉크로 쓴 분홍』이 있다. 현재 경북 경주에서 삶터를 일구어 정착했으며 매일 읽고 쓰고 산책하며 조용히 걷는 시간을 만나고 있다.

나의
음악
선생님들

잘게 부순 기와가루를 짚에 묻혀 닦았던 놋그릇
은 부딪칠 때마다 청아한 소리가 났다. 나는 어린 시절부
터 그 소리가 참 좋았다. 그때부터 음식을 먹기 전에 그릇
을 살짝 두드려 보는 습관이 생겼다. 사기그릇과 유리그릇
을 젓가락으로 두드려 보면 그릇의 종류와 두께에 따라 각
각 다른 소리가 울렸다. 맑고 경쾌하고 깊고 은은한 그릇
의 소리는 마치 그릇이 원래부터 제 마음에 꼭 품고 있던
자신의 노래를 들려주는 것 같았다. 그릇뿐만 아니라 바람
소리, 빗소리, 새가 우는 소리, 어두운 밤 작은 짐승들이 마
당을 재빠르게 스쳐가는 발자국 소리도 노래처럼 들리곤

했다. 아주 어릴 때 나는 혼자 덩그러니 남겨진 집의 고요와 적막뿐인 한낮의 넓은 마당이 무서워 일상에서 들리는 작은 소리를 흉내 내며 놀았다.

일상의 노래는 무궁무진했는데 내가 들었던 수많은 소리를 흉내 내며, 나에게 그 소리를 들려주고 이야기하며 혼자 놀았던 서너 살 때부터 일상의 소리는 내 음악 선생님이 아니었을까 생각한다. 어둑한 저녁이면 농사일을 마친 엄마 아버지와 함께 하모니카 음에 맞추어 불렀던 노래와, 중학교에 입학 후 생전 처음으로 음악에 대한 지식을 한 숟가락씩 떠먹여 주신 음악 선생님 덕분에 나는 음악이라는 예술 장르에 발을 아주 조금 담가보았던 것이다.

중학교 1학년 때였다. 내일 음악시간까지 피아노 건반을 만들어 가야 하는 숙제가 있었다. 비록 종이로 만드는 피아노지만 진짜 건반을 누르는 것처럼 검은 건반과 흰 건반이 제 자리에 잘 그려져 있어야 한다고 선생님께선 주의사항을 누누이 강조하셨다. 그때는 아이들도 농사일을 거드는 경우가 대부분이었는데, 나도 예외가 아니어서 감자 심으러 안 가겠다고 우기고 울면서 겨우 피아노 건반 그리는 숙제를 했다.

마분지를 긴 쪽으로 반 잘라 가로로 길게 붙이고, 30센 티미터 자로 건반의 크기를 재어서 줄을 그었다. 검은 건 반 두 개 다음에 긴 줄을 긋고 검은 건반 세 개 다음에 긴 줄을 그어 나갔다. 검은 건반 아래로 다시 흰 건반의 줄을 그으니 건반의 모양새가 잡혔다. 삐뚤어진 선을 지우고 검 은 건반에 색칠만 하면 숙제가 끝나는데 자던 동생이 깨어 났다. 감자 심으러 가지 않아 내 차지가 된 동생이 크레용 을 들고 기어와서 내가 그린 피아노 건반에 색칠을 하겠다 고 뻗대었다. 나는 놀라서 안 돼, 안 돼,(어떻게 그린 피아노 인데) 고함을 질렀다. 동생도 놀라고 나도 놀라고 동생을 달랠 줄 몰라 나도 울고 동생도 울었다. 감자를 심으러 가 지 않은 죄의식과 동생에게 소리를 질러 놀라게 한 14살 의 내 인생이 고달픈 하루였다.

하지만 나는 내가 만든 종이 피아노로 동생에게 피아노 를 쳐 주었다. '떴다 떴다 비행기…' '송아지 송아지…' 마 루엔 오후의 햇살이 눈부시게 들어와 있고 검지 하나로 치 는 피아노 음은 햇살 속에서 부유하는 먼지의 형태로 일렁 였다. '도레미파솔라시도' 음이 틀려도 괜찮았다. 동생이 너무 좋아해서 나는 신이 났고, 손가락으로 건반을 누를 때마다 입에서 노래가 흘러나와 저절로 즐거워지는 피아노 건반 만들기 숙제였다.

어느 순간 엄마 목소리가 내 노래에 겹쳐졌다. 엄마는 늘 당신의 목소리로 노래를 불러 내가 처음 배워오는 노래의 음정을 맞추어 주곤 했다. 음악책 속의 노래는 엄마와 함께 다 불러본 것이어서 음악 수업이 쉽다고 느꼈다.

어느 날엔가는 엄마가 깨질까 봐 손도 못 대게 하던 귀한 유리컵을 찬장에서 꺼내셨다. 그러고는 그 유리컵들을 평평한 마룻장에 한 줄로 조심조심 세워놓고 유리컵마다 물의 양을 다르게 부었다. 유리컵은 물이 가장 많이 든 것부터 일렬로 세워졌다. 물이 담긴 유리컵은 마치 투명 계단처럼 보였다. 엄마는 쇠젓가락으로 물이 가장 적게 든 유리컵을 살짝 두들겼다. 맑고 높고 울림이 있는 소리가 유리컵에서 울렸다. 그 소리는 유리구슬이 굴러가는 것처럼 금세 굴러가버렸지만 유리컵을 두들겼을 때 컵 속의 수면에 실금 같은 작은 파문이 둥글게 이는 것을 나는 또렷하게 볼 수 있었다. 유리컵에서 생겼다가 사라지던 그 예쁜 소리를 나는 지금도 잊을 수 없다. 그 소리를 적어보라고 하면? 나는 그 소리의 음역을 결코 적을 수 없을 것이다. 그것은 소리가 아니라 유리컵을 두드릴 때마다 깨질까 봐 조마조마했던 내 마음이었고, 유리컵의 투명 계단을 딛고 천천히 맑은 물속으로 들어가던 내 마음의 발자국으로 각인되었기 때문이다. 여덟 개의 유리컵으로 만든 '도레미 파솔라시도, 도시라솔파미레도' 피아노 건반을 만들어 주신 엄마는 나의 다정한 선생님이었다.

또 음악 이야기를 할 때면 반드시 생각나는 하루가 있다. 그날은 이상한 악기들이 음악실 교단을 가득 채우고 있었다. 저게 다 뭐야? 웅성웅성 떠드는 아이들을 보며 선생님은 악기 이름을 하나하나 알려주고 악기 소리를 들려주셨다. 클라리넷, 오보에, 트럼펫, 색소폰, 호른, 북, 팀발레스, 탬버린, 심벌즈, 캐스터네츠, 기타, 바이올린, 첼로…. 이렇게 많은 악기가 우리 학교에 있었나? 악기 한 번 보고 악기 소리 한 번 듣고 어떻게 이 많은 악기 이름을 다 기억하지? 건반악기 타악기 관악기 현악기…. 한자를 풀이하듯 악기를 하나하나 보여주고 설명하신 선생님은 시험에 꼭 나온다며 집중을 요구하셨다.

나중에 알게 된 사실은, 그림이나 사진이 아닌 실제 악기를 우리에게 보여주기 위해서 선생님은 시내 교회를 다 뒤지며 발품을 팔아 악기를 빌려온 거랬다. 열정 넘치는 선생님의 가르침이 막 문을 열기 시작한 것이었다. 또한 피아노 풍금 리코더 이런 악기만 알고 있던 내가 생김새도 다르고 소리도 각각인 저 많은 악기에 대해 놀라운 눈을 떴던 시간이었다.

악기의 모양이나 악기 소리를 배우며 수업시간이 마치 즐거운 놀이와 같았던 실기시간이 끝나고 음표와 박자, 마디와 형식, 장조를 배우는 이론시간이 되었다. 다장조로만 배웠던 계명이 플랫(♭)이나 샵(♯)의 개수에 따라 계명이 달라지고 음조도 달라져서 내림장조와 올림장조의 '도' 음을 찾기 위해 '시미라레솔도파, 파도솔레라미시'를 외워야 했다. 조표에 맞게 계명을 적어오는 숙제도 있었다. 음악이라는 과목이 이렇게나 어려운 줄은 정말 몰랐다. 작곡하는 법도 배웠다. 마디 속에 음표를 쪼개고 붙이고 박자를 맞추었다.

그리고 또 숙제가 주어졌는데, 작곡을 하고 자신이 작곡한 곡에 가사를 붙여오라는 것이었다. 마당을 쓸면서 곡을 생각했고 아궁이에 불을 땔 때도 나무가 타는 소리에 귀를 기울이며 곡을 생각했다. 아주 어려운 숙제였다. 작곡한 것을 발표하는 시간이 왔다. 어설펐지만 저마다 세상에 없던 곡을 만들고 정성껏 노래를 불렀으며 열심히 경청

했다. 부끄러움을 무릅쓰고 곡을 발표할 때마다 웃음이 떠나지 않았다. 내가 작곡한 곡이 어땠는지, 어떤 감정으로 노래를 불렀는지 기억이 아련하지만, 작곡을 하기 위해 음표를 배치하고 박자를 맞추며 내 딴에는 무척 고심했던 그 일은 시를 쓰거나 글을 쓸 때와 비슷하다는 생각이 자주 들기도 한다.

그러나 나는 살아오면서 음악을 마음껏 향유하거나 즐기지는 못했다. 겨우 출퇴근하는 동안, 비좁은 버스 속에서 정차를 알리는 차임벨 소리와 사람들의 짜증에 섞여 아무렇게나 흘러나오던 유행가가 전부였던 때도 있었다. 버스 속에서 들었던 음악은 찢어지는 소리로 내 귀를 긁었고 쉬는 시간에 아이들이 마음껏 떠드는 소리와 겹쳐져 어쩐지 그 소음은 나를 외롭게 만들었다. 소음에서 도망치지 못하는 나 자신의 외로움은 부드럽고 느리고 조용한 무언가를 끊임없이 생각하고 찾았다. 눈을 감으면 밀려오고 밀려가던 바닷가의 파도가 생각났고, 버스가 출발하면 획획 지나가는 가로수의 이파리가 음이 소거된 영화를 보는 것처럼 바람에 흔들리는 것을 보았다.

여태껏 잘 견뎌왔던 바쁜 일상과 밥벌이가 지겹게 느껴

졌다가도 나를 기다리는 아이와 가족을 떠올리면 모든 소음과 외로움은 순식간에 하찮아졌다. 그럼에도 어느 하루는 느릿한 보폭으로 산책하며 새소리 바람소리를 듣는 날을 갈망하기도 했다. 지금 생각해보면, 겨울 밤길이 무서워 부엉이 울음소리를 흉내 내며 캄캄한 무서움을 껐던 날과 여름 한낮의 적막함을 끄려고 뻐꾸기 울음소리를 흉내 냈던 어린 날과 유리컵이 만든 그 맑은 소리와 온갖 악기들로 세워진 단단한 마음의 울타리는 현실 문제를 회피하고 도망하려던 나약한 나를 지켜준 듯하다.

오늘은 오랜만에 여유를 부리며 오페라를 찾아 들었다. 음의 선율은 기억을 일깨우고 그 먼 기억 속으로 들어가 과거를 만나게 했다. 음악 선생님은 여러 오페라의 주요 내용을 얼마나 맛깔스럽게 이야기해 주셨던가. 지겨울 사이 없이 낯설고 새롭던 그 이야기들, 선생님의 목소리를 한 마디도 놓치지 않으려고 귀 기울이며 집중했던 〈마왕〉, 〈피가로의 결혼〉, 〈나비 부인〉 등을 떠올렸다. 오페라 주인공의 기구한 운명에선 내가 겪은 아픔처럼 깊게 슬퍼했고 주인공의 터무니없는 행동에서는 조롱과 야유와 웃음이 피어나게 했던 선생님의 목소리와 억양이 생생하게 들리는 듯했다. 스펀지가 물을 빨아들이는 것처럼 배움에 눈을 떴던 시절을 생각하면 나에게는 음악 선생님이 참 많았다. 그때 경험했던 멜로디와 가사는 내 마음 깊은 곳에서 조용히 가라앉아 있다가 내가 알지 못하는 어느 순간, 나를 깨우며 내 마음의 보폭에 발걸음을 맞추곤 한다. 나와 함께 추억과 기억을 걸어 온 음악은 내 몸 어느 부위에 스며 있는 것인지, 이제는 시로 다시 태어날 날을 기다린다.

녹아내리는
시간

　　은색 테이프로 바나나를 껍질째 벽에 붙인 설치 미술 작품이 경매를 통해 620만 달러에 낙찰되었다는 뉴스를 보고 있었다. 이탈리아 작가 마우리치오 카텔란의 작품인 〈코미디언〉이 2024년 11월 20일 뉴욕 소더비의 경매에 올라 중국의 가상화폐 사업가 저스틴 선이 경매를 통해 무려 620만 달러(약 86억 6000만원)에 낙찰 받았다는 뉴스였다. 나는 혼란스러웠다. 바나나 하나가 이렇게 비싸도 되는지, 이게 예술이 맞는지, 어디까지가 예술인지. 이 작품은 내가 살며 배우며 접했던 기존의 예술작품이나 내가 예술이라고 불렀던 나의 고정관념에 작은 실금을 냈다.

196

〈코미디언〉 같은 작품을 개념미술이라고 부른단다. 아름다움이나 예술작법의 결과물과는 아무 상관이 없고, 오로지 작가의 머릿속에 들어있는 관념만이 중요한 예술. 이 작품으로 인해 나의 사고가 미술작품이라는 예술과 어떻게 충돌하는지, 내가 가진 사고방식이 미술작품을 보면서 무엇을 배제하는지, 미술작품의 어떤 부분을 내가 선호하는지, 작가는 풍자와 상징으로 된 예술품으로 무엇을 말하고 있는지를 찾으려고 노력했던 그 동안의 예술작품 감상에 대한 일들이 남김없이 모두 사라지고 다시 처음으로 낯선 예술을 만나는 기분이었다.

바나나가 예술이 되는 세상, 패러디로 가득한 이 세상. 논란의 중심에서 스스로가 논쟁거리가 되기 위해 아낌없이 돈을 쓰는 이 세상에서 나는 여전히 예술에 대해서는 어둡고 사회가 전달하는 음악 미술 언어의 패러디에는 더욱 어두워, 여러 예술작품을 만나는 과정에서 내가 가졌던 예술에 대한 미의식이 어떻게 바뀔지, 예술이 주는 아름다움과 추함, 내가 추구하는 삶에 대한 생각과 인간이 가져야 하는 올바름에 대한 나의 인식이 틀리지 않았다는 것을 나 스스로 어떻게 확인할 것인지 막막한 느낌이 들었다.

초등학교 6학년 때까지 우리 동네는 전기가 들어오지 않았다. 세상 밖의 소리란 학교에서 선생님이라는 창으로 듣고 보는 것이 전부였다. 친구들과의 대화에서도 '예술'의 '예'자도 발화되지 않았지만, 간혹 주말 저녁에 동네에서 한 대뿐인 TV를 보러가서 ㄱ 말을 얻어오기도 했다. 이른들과 함께 보는 뜻 모를 연속극의 영상을 예술이라고 말하기도 했다. 그리고 결코 나의 전유물이 될 수 없었던 라디오. 이른 아침이나 늦은 저녁에 엄마 아버지가 거의 매일 놓치지 않고 듣던 일기예보, TV 화면이 바뀔 때마다 거기서 흘러나오던 짧은 음악 소리들. 스치는 바람처럼 지나가 버리던 음악 소리와 눈을 감으면 방금 보고 왔던 연속극의 영상이 눈앞에 맺히던 그런 것이 예술이었을까? 예술이 되었을까?

한번은 동생이 국어 교과서를 잃어버리고 울었다. 부모님께 야단을 맞는 것보다 학교에서 선생님께 야단맞을 생각을 하니 더 무섭다고 했다. 부모님이 집에 오기 전에 동생의 국어책을 만들기로 했다. 집에 있는 모든 도화지를 반으로 접고 자르고 풀로 붙이고, 동생 친구에게서 빌려온 국어책의 내용을 그대로 베꼈다. 글씨는 글씨대로, 그림은 그림대로, 그림에 색칠까지 해서 동생의 국어책을 만들었다. 동생은 글씨도 그림도 빌려온 책과 똑같다며 감탄을 했다. 그렇게 만들어진 서툴고 조잡했을 국어책으로 나는 우리 집에서 화가가 되었다. 무엇이든 잘 그릴 수 있을 것 같았고, 화가가 되어 캔버스에 그림을 그리는 꿈을 꾸었다.

하지만 그림을 접할 기회는 무척 적었다. 내가 볼 수 있는 그림은, 계절마다 꽃밭에서 피고 지는 꽃이나 집 뒤꼍에서 새잎을 내고 꽃을 피우고 감이 맺히던 감나무의 계절을 보는 것과 나무를 해서 집으로 돌아가는 사람들의 실루엣이 해가 지는 앞산 등마루에 역광으로 비치던 것이 그림이었다. 이른 봄날 아버지 나뭇짐 지게 위에 꽂혀 있던 진달래꽃이 그림이었고, 그 꽃을 받은 엄마가 꽃보다 더 활짝 웃던 웃음이 그림이었다. 병 입구가 좁은 사이다병에 물을 담아 진달래꽃을 꽂던 투박한 손이 그림이었다. 때로는 망초꽃 때로는 타래꽃 금세 시드는 붓꽃이나 할미꽃을 껴안던 입 좁은 사이다 병이 그림이었다.

중학교에 진학하지 못했다가 일 년 뒤, 중학교 입학을 했다. 초등학교 친구들에게 '선배님'이란 존칭을 써야 했다. 점점 외톨이가 되었다. 그때 국어를 가르치던 선생님이 일상생활에서 만나는 모든 풍경과 사람들의 이야기, 대화, 내가 느끼는 모든 것이 시가 될 수 있다고 하셨다. 나는 산골동네에서도 내 또래의 여학생은 나밖에 없는 외톨이여서 이제 막 배우게 된 시 쓰기가 친구와 노는 것처럼 재미있었다. 선생님은 일상의 느낌이 잘 쓰였다며 내 시를 칭찬하셨다. 나는 칭찬받는 것이 너무 좋아서 시가 뭔지도 모르고 더욱 열심히 시를 썼다. 학교 대표로 글짓기 대회에 나갈 때마다 상을 받았다.

상을 받은 작품으로 시화전이 열리고 미술전도 열렸다. 액자 속에 있는 내 시를 보다가 미술전시 행사장에서 '이것은 변기가 아닙니다'를 만났다. 마르셀 뒤샹의 〈샘〉. 처음엔 그것이 남자의 소변기를 거꾸로 세워놓은 것인 줄도 몰랐다. 재래식 화장실의 경험만 있는 내가, 남자 화장실을 본 적이 없는 내가, 알 턱이 있나. 그 모조작품 옆에 진짜 작품의 사진이 깨알 같은 설명을 두르고 붙어 있었다. 변기를 전시해 놓고 변기가 아니라니, 이 무슨 궤변인가. 변기가 미술작품이 될 수 있다니 이런 황당한 일이 또 있나. 그 첫 만남은 뇌리에 꽉 박혀서 미술에 대한 이야기가 나올 때마다 불쑥 튀어나오는 사건이 되었다. 나중에 뒤샹의

〈샘〉도 일상에서 발견되는 평범한 대상물을 미술작품으로 도입한 개념미술이라는 것을 알게 됐다. 그 후 예술에 대한 생각은 삶에 치여 까마득하게 멀어졌지만, 생활이 힘들다고 느낄 때마다 일상의 느낌을 시와 일기로 끼적였다.

1993년 해운대 동백아트센타에서 살바도르 달리의 전시회가 열렸다. 작품 곳곳에는 녹아서 흘러내리고 있는 시계들이 배치되어 있었다. 보이지 않는 시간을 흘러내리는 시계로 표현한 것이 놀라웠다. 고정된 사물인 시계가 흐물흐물 녹아내리는 것으로 표현된 작품은 메타포가 강한 시였으며 한 사람 한 사람의 생애라는 느낌을 받았다. 내가 가지는 시간도 고정된 것이 아니라, 시간을 겪고 시간을 건너가면서 내 시간도 녹아서 보이지 않게 흘러가 버리는 것이구나 생각했다. 〈자신을 바라보는 여인〉이란 작품 앞에서 발길이 오래 멈추었다. 화려한 왕관을 쓴 아름다운 여인이 자신을 바라보고 있었다. 가슴이 뻥 뚫려 있었다. 허영심이 가슴을 텅 비게 만드는 것인지, 화려한 왕관을 가지려는 욕망이 가슴에 커다란 구멍을 내는 것인지 알 수 없었지만, 나는 그 작품 앞에서 내가 잃어버린 내 젊은 인생과 이미 다 흘러간 것 같은 내 생의 쓰린 시 한 편을 읽었다. 〈시간의 윤곽〉, 〈우주의 비너스〉, 〈시간의 고귀함〉, 〈기억의 고집〉 등 달리의 작품은 눈에 보이지 않기 때문에 깊게 고뇌하지 않았던 시간이나 사랑, 관념을 눈에 잘 보이는 사물의 형태로 나에게 말을 걸어 주었다.

나는 하얀 캔버스에 아름다운 그림을 그리는 화가는 되지 못했지만, 찰흙을 치대고 문질러 새로운 조형물을 만들지는 못했지만, 시시각각 아름답다고 느끼는 것에 몰입하던 어린 시절의 여러 꿈이 모여 조금씩 좋은 쪽으로 달라졌고, 어느 날 그냥 세상을 이해하게 되었다. 나도 몰랐던 나를, 이 세상에 없었던 나를 만나는 근사한 일을 알아차리게 되었다.

보이지 않는 것을 보여주었던 달리의 작품을 만나고 난 뒤, 나의 글쓰기도 조금 달라졌다. 보이지 않는 것을 다른 감각을 동원하여 보려고 노력했고, 그냥 흘러가버리는 매일의 일상을 머릿속에 한 편의 그림처럼 저장하기도 했다. 또한 관념을 동사화하는 시작법을 알게 되었는데, 이 모든 일이 고정관념을 깨는 예술작품을 만난 덕분이었다.

예술은, 예술이라 불리는 다양한 작품을 만나고 경험하

고 느끼는 순간 내게 와서 다른 꿈을 꾸게 한다는 것을 안다. 때때로 그것은 나의 마음을 편안하게 위무해 주고, 깊은 동감의 감정을 느끼게 하여 눈물을 고이게도 하였고, 한 편의 시를 읽듯 그림을 읽기도 했다.

근간에 '천경자 100주년 기념 특별전'과 '초현실주의 100년의 환상'을 보며 이 작품은 나에게 무슨 이야기를 하려는 걸까, 생각하며 내 마음속으로 말을 주고받았다. 가난한 예술가를 만나면 그들의 삶에 내 가난을 슬쩍 얹었고, 가난한 삶 속에서도 손에서 놓지 않았을 연필과 붓을 생각하며 가슴 아파했다. 그리고 산골에서 흙에 몸을 굽히며 손발에 흙을 묻히며 흙을 경배했던 사람, 흙 파먹었던 사람이 내게 준 청빈과 위트, 농담을 기억한다. 가난을 이기기 위해 주셨던 환한 웃음도, 그 척박함 속에서도 자유와 사람의 도리를 일깨워주던 시간을 따듯하게 기억한다.

곡비,
자클린의
눈물

자고 일어나면 코로나19 환자의 수가 갱신되고 사망자가 늘고 있었다. 2020년 초부터 코로나19 바이러스는 사람들의 입을 막고 코를 막고 눈을 막았다. 어쩌다 기침을 하면 주위에 있던 사람이 도망가듯 사라졌고, 마스크를 안 낀 사람을 만나면 바이러스를 퍼뜨리는 사람 같아서 눈을 흘기며 비켜섰다. 원인도 예방법도 없는 상태라 불안과 공포심은 더해갔다. 직장도 학교도 유치원도 경로당도 모두 집안으로 옮겨졌고, 상점은 셔터를 내리고 문을 닫아 밤낮 조용했고 거리는 캄캄했다. 면역력이 약한 어린이나 어른이 있는 집은 극도로 조심하는 생활을 했다. 특히 경북에서 바이러스가 퍼지기 시작했고 감염률도 가장 높다는 보도로 다른 도시로 이동할 일이 있어도 경북인임을 말할 수 없는 분위기였다. 우리 집도 예외가 아니어서 설 명절엔 오가지도 않았고 가족을 못 만나지 십 개월이 넘어가는 추석 명절도 귀성객이 몰리는 명절휴일을 피한 후 부모님 얼굴을 뵈러 가겠다고 약속한 참이었다. 그런데 아버지의 다급한 전화가 왔다. 막내가 일어나지 않는다고, 깨워도 눈을 뜨지 않는다고.

코로나19, 그게 뭐라고 우리는 명절에도 얼굴을 못 보고 헤어졌다. 죽은 자가 마지막으로 하고 싶었던 이야기를 들어주는 애도가 부검이라 했는데, 부검의는 동생의 어떤 이야기를 들어주었을까? 매일 만장대*까지 갔다 왔다고, 보이지 않는 바이러스가 몸에 붙을까 봐 무섭다고, 여든 중반을 훌쩍 넘긴 부모님께 바이러스가 옮을까 봐 걱정된다고, 누나도 기관지 안 좋으니까 조심하라고 동생이 전화를 걸어왔을 때 나는 바이러스가 어떤 것인지 모르는데 모르는 것과 싸우는 게 가장 어려운 일이지만 우리 서로 잘

* 김해 분성산 정상의 봉화대. 곁에 흥선대원군이 하사한 이름이 새겨져 있음.

견디자며 전화통을 붙잡고 서로 웃었는데 그게 마지막이될 줄 어찌 알았겠는가.

동생이 쳐주는 기타 선율에 맞추어 노래를 부르다가 음정 박자 다 틀려도 끝까지 노래를 부르며 크게 웃었던 짧은 날들이 내 몸에 스미어 있는데. 빗물에 흙탕이 파이는 것처럼 내 몸에서도 살이 파이며 구멍마다 아프게 슬픔이 고이는데. 차례대로 가야지 어떻게 막내가 먼저 가느냐고, 어떻게 막내가 먼저 갈 수 있느냐고 가슴을 치고 또 가슴을 쳤다. 막냇동생의 짧은 생이 아깝고 안타까워서 마치 동생의 죽음이 나의 잘못처럼 여겨지고 잡고 있던 동생 손을 내가 놓은 것만 같았다. 그리고 나를 걱정하지 말아요, 이야기 끝에 늘 이렇게 말하곤 했던 동생이 사후에도 계속 나에게 이렇게 말하고 있어서 오래도록 나를 폭풍 속에 세워두는 한 사람이 되었고, 나는 폭풍 속에 계속 서있는 한 사람이 되었다.

기타를 치며 노래를 곧잘 불렀던 막냇동생이 하늘로 간 햇수가 사 년, 아버지도 여행을 떠난 지 이 년이 되는 즈음, 생활 속 어디에서든 불쑥불쑥 튀어나오는 알지 못할 슬픔에 빠져 있을 때였다. "이 첼로 음악 좀 들어 봐." 고등학교

로맨스보다
예술

때 국어선생님이 유튜브 라이브 공연 곡을 보내 주셨다. 〈자클린의 눈물〉. 지나가는 말로 음악은 잘 모르지만 첼로 음악을 듣고 있으면 마음이 참 편안해지더군요, 했었는데 그걸 기억하셨던 거다. 동생과 아버지의 사후 수습, 지병으로 쓰러진 엄마의 입원과 간병, 요양병원 입원 등 쓰나미처럼 밀려온 일에 치여 나는 극도로 지쳐 있었고 동생과 아버지에 대한 진정한 애도의 시간도 가지지 못한 채 날을 보내고 있었다. 코로나 시절 이후부터 독서도 음악도 영화도 웃음도 잃은 채 일상에서도 감정이 없는 무표정한 사람이 되어, 내가 무엇을 해야 하는지, 어떤 일을 먼저 해내야하는지, 무엇을 하지 말아야 하는지 그런 자각도 없었고 감정도 느낌도 없는 사람처럼 있었던 때였다.

밥을 먹다가도 먹먹해지고 TV를 보다가도 동생이나 아버지가 좋아하던 음악이 나오면 울었다. 전화를 하거나 받지도 않았고 이메일과 핸드폰 문자가 쌓였는데도 열어보지 않았다. 그러다가 무심코 실수처럼 선생님이 보내주신 〈자클린의 눈물〉을 클릭했다. 안부가 궁금하다며 언제나 먼저 전화를 주시고 내 목소리만 듣고도 어디 아픈지 슬픈지 감정을 빠르게 읽어내셨던 선생님을 생각하며, 멍하게 앉아 〈자클린의 눈물〉을 들었다. 한 시간 가까이 음악은 흐르고, 아무 기대도 아무 감정도 없이 내 귀로 천천히 흘러들어오는 첼로 음률에 몸을 맡겼다가 결국 울음이 터졌다. 음악 소리 볼륨을 높이고 혼자 큰 소리로 울었다. 음악이 끝나면 다시 클릭하고 또 클릭하고 또 클릭해서 음악을 들었다. 소리 없이도 울고 흐느끼며 울고 멈췄다가 울고 생각난 듯 또 울었다. 그 후 매일 〈자클린의 눈물〉을 들었다. 슬픔이 오면 듣고 생각나면 듣고 뼈저리게 그리우면 듣고. 얼마나 많은 날이 갔을까. 음악을 듣는 횟수는 더 늘었는데 이상하게 점점 울음이 줄었고 점점 눈물 흐르는 일이 줄었다. 〈자클린의 눈물〉은 내 눈물을 조용히 말렸다.

그런데도 나는 한동안 〈자클린의 눈물〉을 보내 주셨던 선생님께 전화를 드릴 수 없었다. 선생님의 동생이 세상을 떠났다는 소식을 들었기 때문인데, 선생님의 동생 이름이 내 이름과 같아서 더욱 전화를 할 수 없었다. 나도 동생이 먼저 떠나간 후 동생 이름이 들리면 그 쪽으로 고개가 젖혀지고 동생과 닮은 사람이 지나가면 동생이 아닌 줄 알면서도 내 몸은 그 사람을 따라가곤 했으니까. 그러다가 자리에 주저앉아 한참동안 마음에서 괴어오르는 눈물을 꾹

꾹 누르곤 했으니까. 내가 전화를 드리면 선생님의 핸드폰에 '미정'이라는 이름이 뜰 건데, 그러면 동생 생각으로 얼마나 마음이 저며지고 아프고 놀라실까 싶어서였다. 또 억지로라도 내 이름을 불러야 하는데 '미정아' 부르는 그 마음은 또 얼마나 힘드실까 싶어서 전화를 드릴 수 없었다. 나중에 선생님은 "우리 가족에게 미정이라는 이름은 한동안 금기어"였다고 말씀하셨다.

〈자클린의 눈물〉은 듣는 순간부터 울음을 울게 했다. 내가 눌러놓았던 내 속의 슬픔이 가슴 저 아래에서부터 천천히 끓어오르며 자신의 존재를 드러내듯 방울방울 눈물을 만들었다. 슬픔이라고 이름 붙이지 못한 슬픔이, 억지로 입술을 깨물며 단단히 비끄러맸던 마음이 이제 울어도 돼, 마음껏 울어도 돼, 토닥토닥 내 어깨를 토닥여 주는 것 같았다. 음악은 조용히 울음 우는 사람처럼 여리고 슬프게 이어지다가 끊어질 듯 다시 이어졌다. 애잔한 슬픔이 반복되는 동안 내 마음속의 깊은 슬픔이 내 울음을 데리고 길을 떠나는 느낌이었다.

나를 대신해서 깊이 울어준 〈자클린의 눈물〉. 이 곡을 수없이 반복하여 들으며 나는 생각했다. 〈자클린의 눈물〉

을 작곡한 사람도 뼈아프게 누군가를 잃었거나 잊을 수 없는 심정을 누르고 헤어졌을 거라고. 한 소절 한 소절 가슴을 쥐어짜는 슬픔으로, 한 소절 한 소절 그리움에 몸을 떨며 이 곡을 썼을 거라고.

자클린 뒤 프레의 음악을 더듬더듬 찾아서 듣는 요즘, 나에게 〈자클린의 눈물〉을 보내주신 선생님도 이 슬프고도 애잔한 곡에 동생을 그리워하는 마음을 기대어 오래 울었을 거라고 생각했다. 모든 사람은 자신만의 상처가 있다. 그 상처가 보이지 않아도 사람들은 보이지 않는 상처를 살고 숨 막혀서 못살 것 같은 상처를 딛으며 살아간다. 또 어떤 사람은 혼자 울러가는 곳을 만들어 자신을 달래고 어르며 잘 익은 상처의 이야기를 만들며 멋진 순간을 살아낼 것이다. 나와 동생처럼, 아버지처럼, 선생님과 선생님의 동생처럼. 우리는 함께 살았고 사랑했고 실패했고 매일 좌절했으며 또 온 힘을 다해 뭔가를 이루기도 했을 거니까. 정말 그랬기 때문에 잊으려고 지우면 더 선명해지는 상처와 슬픔을 가지고 찰흙처럼 진득진득하고 물렁물렁한 내 자신의 이야기를 계속 써 나가는 것이리라. 내가 이 곡에 기대어 나를 위로했던 것처럼 예술은 다른

로맨스보다
예술

사람을 위로하며 대신 울어줄 때 더 빛이 난다는 것을 믿으며.

몸치
댄스
이야기

분수가 물을 뿜었다. 맨발의 아이들이 분수대에 뛰어 들어간다. 뿜어 나오는 물줄기에 맞추어 아이들이 춤을 춘다. 높낮이로 솟구치는 물 사이를 뛰어다니며 춤추는 아이들의 유연한 몸동작이 시원하고 명랑하다. 발이 땅에 닿았다가 폴짝 발을 떼는 순간이 춤이구나, 하늘을 날고 싶은 간절한 마음이 춤을 발명하였구나, 생각하며 아이들의 춤과 물이 하나 되는 것을 본다. 저 유연하고 부드러운 몸의 아름다움을, 자신의 발걸음에 온몸을 맡기고 온 정신을 맡기며 춤에 몰입하는 아이들을. 나도 저 아이들처럼 내 몸을 나에게 온전히 맡기고 내 두 발로 땅을 박차고 올라 하늘을 날았던 적이 있었나? 내 몸에서 지난한 삶을 뚫어 춤이 태어나게 했던 시절이.

　내가 처음으로 알게 된 춤은 중학시절 무용 시간에 배웠던 왈츠였다. 수학에서 교집합을 배울 때 하나의 원이 다른 하나의 원 속에 속한 합집합의 형태처럼, 두 개의 둥근 원을 만들었다. 여학교였기에 남자 역할과 여자 역할이 정해지고 서로 마주보고 섰다. 슬로우 슬로우 할 때 오른 발이 먼저 오른쪽으로 한 발 한 발 나아가면 왼발도 연달아 나아갔다가 퀵퀵 동작에서 왼쪽 발끝으로 오른쪽 뒤꿈치에 터치하며 앞사람을 맞이하고 떠나보내기를 반복하는 춤이었다. 기본 동작을 익힌 후 우리는 음악에 맞추어 춤을 추었다. 춤출 때 턴을 했는지, 손을 맞잡았는지 기억엔 없으나 함께 춤을 추던 파트너가 자주 바뀌어서 정신을 차릴 수 없었던 기억이 또렷하다. 그러나 그 시간은 온 마음과 온 정신이 춤과 함께 깨어 있었고, 파트너를 보내고 맞이하며 나에게로 오고 가는 많은 일도 내가 원하든 원치 않든 일상에서는 수시로 일어날 수 있는 일이라는 것을 갑자기 순간적으로 깨닫기도 했다. 그리고 나 자신이 내 삶에서 경쾌한 춤이 되게 하자는 다짐도 했다. 아직 어린 마음이었는데!

그러다가 운명에도 없는 무용부에 뽑히는 일이 생겼다. 율동시간에 핸드스프링을 했는데 몸이 유연해서라고 했다. 그렇게 처음 무용실에 들어섰을 때, 발레 바 옆에 나란히 걸려 있던 토슈즈에 정신을 빼앗겼다. 은색으로 빛나는 매끈한 토슈즈의 끈이 리본처럼 하늘거리며 나를 반기는 것 같았다. 나는 여기서 발레를 배우게 될 것인가 보다, 가슴이 콩닥거렸다. 발레 무용수가 되어 하늘을 날게 된다면 얼마나 좋을까, 나는 처음으로 비밀스러운 꿈 하나를 간직했다. 그 마음 때문이었을까? 방과 후, 현대무용과 고전무용의 기본을 배우고 몸 풀기 기본 동작과 발레 바를 잡고 몸의 균형과 유연성 기르는 동작을 지속적으로 연습해도 힘들지 않았다.

내가 가장 안 되는 동작은 'Y 발란스'였다. 이 동작을 수없이 연습하며 언젠가는 저 예쁜 발레 슈즈를 신고 하늘을 날다가 사뿐히 착지하는 무용수가 될 것이라고 상상했다. 어찌 알겠는가? 내가 발레 무용수가 되어 차이콥스키의 〈호두까기 인형〉을 춤추게 될지. 그러나 나는 발레와는 거리가 먼 기계체조부였다. 체조연습을 하며 알게 된 사실은, 우리학교 무용부에는 발레부가 없고 기계체조부만 있다는 것이었다. 또한 겨우 중학교에 입학한 내 처지로서는 체조대회에 나가기 위해 마련해야 하는 의상비 때문에 조용히 체조부를 탈퇴해야 했다. 혼자 소중하게 키웠던 발레리나의 꿈도 접었다. 발레 슈즈가 내 마음을 흔들었던 그 순간의 꿈은 잉크물이 물에 번져 흐려지듯 희미해졌다.

고등학교 때 친구들은 새로 생긴 핫한 춤이라며 다이아몬드 스텝을 시연했다. 친구들의 춤은 내가 잊고 있던 중학 시절의 무용부 춤을 기억나게 했다. 내 마음 속에서 없는 듯 숨 쉬고 있던 춤이었지만 춤의 성격이 달랐다. 중학교 때 배운 기계체조 춤은 근력을 기르고 유연성을 유지하며 오래 버티는 것이 강조되었는데, 친구들이 추는 춤은 오른쪽 네 박자, 왼쪽 네 박자로 한 박자에 발동작 하나가 춤이 되어 네 박자에 각각 다른 발동작 네 개가 춤으로 연결되어야 하는 것이었다. 박자마다 발의 모양이 다른 춤이었다. 친구들을 따라 스텝을 밟았지만, 나는 발이 자꾸 꼬이고 넘어지려 했다. 친구들이 나에게 춤을 가르쳐주고 나는 친구들을 따라 연습을 몇 번이나 했는데도 가르쳐 준 춤을 제대로 추지 못했다. 그날 친구들은 만나면 두고두고 우려먹을 수 있는 별명을 나에게 붙여 주었다. 일명 '뻣뻣몸' '몸치' '박치'. 아직도 유연하게 핸드스프링을 잘 해내는 나에게 '뻣뻣몸'이라니, '몸치'라니. 그 시절 춤을 잘 추는 친구에게 붙었던 '삼권분립'이라는 법률적인 별명이 나는 참으로 부러웠다. 그건 머리 따로 팔 따로 다리 따로 춤을 잘 춘다는 뜻이었다. 그러나 춤은 음악에 맞추어 몸을 움직이는 것이기에 리듬에 자신의 몸과 호흡을 맡길 수 있어야 한다는 것을 수십 년이 흐른 후, 라인댄스를 배우며 알게 되었다.

춤을 못 춰도 테이블에 앉아 가방을 지키면 된다는 말에 설득되어 직장 동료들과 함께 나이트클럽엘 갔다. 춤을 추고 술을 마시고 현란한 사이키 조명 아래서 놀 수 있는 '어른이의 놀이터'가 나이트클럽이었다. 수많은 청춘남녀와 중년들이 음악에 맞추어 춤을 추었다. 유행하는 팝송 노래에 맞추어 춤을 추는 디스코 시간이 끝나면 조명이 어두워지고 느린 음악의 블루스 시간이 시작되었다. 동료들은 부킹한 남자와 현란한 블루스 춤을 추었다. 나는 디스코도 블루스도 더욱이 함께 춤출 남자도 없이 테이블에 앉아 동료들의 핸드백이나 지켰다.

216

나이트클럽 사건과 친구들의 춤은 자연스레 잊었는데 블루스를 출줄 몰라 테이블이나 지켰다는 소문이 났는지, 오랜만에 집에 간 나에게 아버지는 갑자기 블루스의 기본 동작을 가르쳐 주겠다고 하셨다. 그때만 하더라도 나이트클럽엘 드나들면 행실이 바르지 못하다는 말을 듣기 일쑤였고 무도장에서 춤을 배우면 춤바람이 나서 가정이 파탄 난다고 입방아를 찧던 시절이었다. 그런 분위기가 짙은 산골 동네에서 근엄하다는 정평이 난 아버지께서 블루스를, 아니 사교춤을 가르쳐 주겠다 하셨으니, 이건 내게 아주 큰 사건이었다.

나는 거절을 못하고 졸지에 아버지와 함께 방에서 춤을 추게 되었다. 방바닥에 발모양을 그려 놓고 따라해 보라고 하셨지만 내 발은 더듬거렸고 방바닥의 발모양대로 움직여지지 않았다. 몸이 경직되고 뻣뻣해졌다. 왜 아니 그렇겠는가, 세상에서 가장 큰 산 같은 존재인 아버지와 대낮에 좁은 방에서 춤 연습이라니. 어린 시절에는 아버지의 하모니카 소리에 맞추어 노래를 곧잘 부르곤 했는데, 내가 직장엘 다니면서는 아버지와 함께하는 시간이 점점 줄어 거리감이 많은데 아버지와 함께 춤을 추다니.

춤을 추기 위해 아버지와 맞잡은 손은 미세하게 떨렸고 아버지의 숨소리가 다 느껴졌다. 그러니 나는 춤에 집중하지 못했고 아버지의 마디 굵은 손 때문에 감정에 복받쳐 마음이 아팠다. 그러나 한편으로는 춤을 알고 계시는 아버지가 신비롭게 느껴졌고 아버지는 이렇게 춤을 배우게 되었는지 궁금했다. 아버지의 가르침을 내가 제대로 따라하지 못한다는 걸 아신 아버지는 파트너가 손과 발로 몸을 밀어주면 밀어주는 대로, 당기면 당겨주는 대로 몸이 따라오면 된다고 했다. 그게 될 리가 있나. 그러자 아버지는 당신 발등에 내 발을 얹으라고 했다. 내 몸무게로 아버지가 힘들까 봐 신경을 쓰느라 아버지가 이끄는 방향으로 내 몸은 그저 따라만 갔다. 그날 아버지는 자애롭고 다정하며 열정적인 나의 춤 선생님이었지만 내 '뻣뻣몸'은 결국 블루스를 배우지 못했다.

언젠가 프랜시스 포드 코폴라 감독의 영화 〈대부〉를 보는데 막내딸의 결혼식이 열리고 있는 장면이 있었다. 결혼하는 딸(탈리아 샤이어)과 아버지(말론 브란도)가 춤을 추는 장면이었다. 그 장면 위로 딸의 어린 시절에 아버지가 춤을 가르쳐 주던 장면이 오버랩 되었다. 아버지의 발 위에 어린 딸이 발을 얹고 춤을 추는 장면이었다. 영화의 장면을 뚫고 내 기억 속에서도 아버지의 발 위에 내 발을 얹어 춤을 추었던 장면이 진하게 겹쳐졌다. 아버지 발등에 내 발을 얹고 춤을 추었던 기억은 20대의 너무나 먼 그리움이 되었지만, 그날의 아버지 모습은 색이 바래지 않는다.

정적인 일을 하는 나에게 동적인 에너지가 필요하다는 딸의 권유로 라인댄스 수업에 등록하면서 내가 정말 어마어마한 '몸치'이며 '박치'라는 걸 다시 알게 되었다. 문제는 내 몸이 음악에 맞추어 리듬을 탈 줄 모른다는 거였다. 몸은 유연한데 리듬을 탈 줄 모르니 춤 동작이 내 몸에서 나오지 않는 것이란다. 몸이 유연한 것과 춤은 다른 것이었다. 기본 스텝과 동작을 익히고 연습하면 춤을 잘 출 수 있다는데, 나는 그게 왜 그리 어려운지. 내 몸은 춤을 꺼낼 수 있을까? 수업할 때마다 질문을 하곤 했다.

발과 몸을 움직여 몸을 날게 하는 것이 춤임을 안다. 발이 땅을 박차고 오를 때 몸은 춤을 만든다. 이때 몸이 춤을 꺼내는 것은 아닐까. 춤을 가둔 몸이, 춤을 가둔 일상이 삶의 목을 조른다 해도 우리는 삶의 모든 순간순간을 자신만의 스텝으로 춤을 출 것이다. 지치고 고단한 시간을 걸을 때도 삶에 리듬을 얹어서 한 발 한 발 춤이 태어나는 것을 볼 것이다. 아마도 나의 춤은 라인댄스와 왈츠와 디스코와 다이아몬드 스텝이 몸속에 녹아 블루스를 가르쳐 주셨던 아버지의 사랑도 표 나지 않게 녹아 내가 쓰려는 글 속에서 나만의 스텝으로 춤을 출지도 모른다.

클래식
의
초대

나무 한 그루가 연두 구름 하나를 뭉실 피워 올리는 사월이었다. 중학교에서 가르침을 주셨던 선생님과의 약속이 있어서 만나러 갔다. 처음으로 교복이 아닌 원피스를 입고 처음으로 시내버스와 시외버스를 갈아타며 처음으로 낯선 도시에 도착했다. 선생님은 고급스런 레스토랑에 나를 데리고 가셨다. 실내는 조용한 음악이 흐르고, 간간이 사람들의 웃음소리와 식기 부딪는 소리가 은은하게 들렸다. 포크와 나이프, 스푼이 테이블에 세팅되어 있었고 주문한 음식이 나왔다. 나는 레스토랑에서 먹는 음식이 생전 처음이었다. 포크가 세 개나 되었고 어느 쪽 손에 어떤 포크를 쥐어야 하는지도 몰랐다. 그러니 음식이 어떤 맛이었는지는 기억에 없고, 다만 중학시절 음악 시간에 들어봄직한 음악 소리와 부드럽게 입에서 살살 녹는 아이스크림을 먹었던 기억만 있다.

그때 레스토랑의 음악 소리가 조금 커졌는데, 선생님은 비발디 《사계》 중 〈봄〉이라며 음악을 들어보라셨다. 눈을 감고 음악을 듣고 있는 사람들. 귀 기울여 음악을 듣는 사람들의 느긋하고 편안한 얼굴. 음악이 흘러나오자마자 곡명과 작곡자의 이름이 술술 나오는 것이 신기했다. 맛있는 음식을 먹고 폭신한 의자에 앉아 음악을 듣는 일. 나에겐 이 낯선 도시에서의 모든 경험이 새롭고 놀라워 작은 눈을 동그랗게 뜬 날이었다. 생각해보니, 선생님께서는 내게 세상에는 이런 아름다운 음악이 있고, 이런 멋진 곳에서 음식을 먹으며 여유를 즐기는 사람들도 있으니 너도 다른 꿈을 꾸어보라는 응원이 아니었을까 싶다. 어쩌면 열일곱 살의 왜소하고 내성적이며 친구도 없는 내게 고등학교 적응을 잘하라는 사랑의 염려였을 것이다.

직장생활을 할 때는 시내의 '기쁜소리사'에서 좋아하는 음악을 녹음 의뢰하거나 좋아하는 음악이 녹음된 테이프를 구입해서 들었다. 대부분 유행하는 가요나 팝송, 클래식 음악, 오페라 음악이었다. 마이클 런스 투 락, 나나 무스쿠리, 클래식 기타 모음, 키메라의 〈로스트 오페라〉, 장사익, 안드레아 보첼리, 조수미의 카세트테이프를 책꽂이 곁에 꽂아놓고 음악을 들었다. 카세트 겸용인 라디오에서 빌보드차트 순위대로 음악을 들려주던 시간을 기다리기도 했다. 기타를 치던 동생이 영어 공부는 팝송으로 하면 잘된다고 해서 외국어 언어습득 능력이 바닥인 내가 솔깃해져서 동생이 쳐주는 기타 음에 맞추어 입 밖으로 나오지 않는 영어 노래를 우물우물 따라 부르기도 했다. 친구들이 유행하는 음악 테이프를 사면 녹음기가 달린 카세트로 복사를 뜨기도 했다.

그러나 결혼 후 음악은 내게서 조금씩 멀어졌다. 육아와 일상생활, 직장생활로 시간에 쫓겨서 문화예술의 암흑기를 보냈다. 카세트는 아이들의 영어교재 듣기용으로 넘어갔다. 그러나 내가 좋아했던 카세트테이프 음반만큼은 아직도 버리지 못한 채 가지고 있다.

그러던 중 클래식 음악 콘서트[*]에 초대되었다. 현악 4중주 〈콰르텟엑스〉의 연주회였다. 리더인 바이올리니스트

violinist 조윤범이 마이크를 잡고 멤버와 함께 음악을 연주하고 설명을 곁들이며 진행을 했다. 몇 십 년 만에 혼자 하는 외출이었다. 어릴 때는 친구가 없어 외톨이였는데, 어른이 되어서는 내가 나에게 혼자인 시간을 주지 못해 스스로 외톨이였다. 살다보면 때론 딴 짓의 숨구멍이 필요한데도 나는 그런 여유를 만들 줄 몰랐고, 피곤에 절어 짜증과 불만의 삶을 살아내고 있었다. 나도 나를 돌보는 시간이 있어야 했는데 그러지 못해서 그토록 힘겨웠구나 하는 각성과, 시간이 없다고 동동거리면서도 내 시간을 세밀하게 점검해보지도 않았고, 나를 데리고 짧은 산책도 한번 나가지 않았다는 것을 알아챈 후회의 시간이었다. 나는 나에게 너무 소홀했구나, 느끼며 앞으로 내가 나를 돌보고 사랑하는 법을 실행해야지, 이런 생각으로 내 자리에 앉아 어떤 음악으로 시작될까 한껏 설레고 있었다. 그러나 한편으론 얼마나 다행인가. 내 스스로 일상을 밀쳐두고 이 자리에 앉았으니. 지금까지와는 다른 나를 살 것이라는 생각을 품는 순간이었다.

* 2011년 경주 현대호텔에서 열린 〈콰르텟엑스〉의 연주회

로맨스보다
예술

첫 곡으로 비발디의《사계》를 연주했다. 중학교 선생님과 고급 레스토랑에서 들었던 잊을 수 없는 그 곡. 그때는 도입부의 〈봄〉 악장에서 논밭을 쟁기질하고 땅을 고르고 씨를 뿌리는 분주한 들판이 펼쳐지고 부모님이 바쁘게 일하는 느낌을 받았었다. 선생님을 만났던 그날은 내가 부모님을 돕지 못하는 일요일이었고, 생전 먹어보지 못한 귀한 음식을 나 혼자만 먹고 음악을 들으며 시간을 보낸다는 죄책감 때문에 부모님의 바쁜 모습이 떠올랐을 것이다. 하지만 콘서트에서 음악을 듣고 있는 오늘은 어떤가. 할 일을 모두 밀쳐두고 나도 가끔은 쉬는 날이 있어야 한다는 자각과, 때로는 일상을 벗어나서 이런 문화적인(?) 시간을 나도 무척 갖고 싶어 한다는 것을 아는 순간이었다.

할 수 있다, 할 수 있다, 를 자꾸 내 귀에 속삭이는 선생님의 다정한 눈빛과 목소리. 이제는 중학교 1학년 때 첫 부임을 오셨던 선생님보다 두 배로 나이 먹은 중년이 되어, 결코 그곳으로 되돌아갈 수 없는 산골 소녀가 그날의 선생님을 생각했다. 짧은 원피스를 입은 것도 아닌데 내 손은 치마 밑단을 당겨 자꾸 무릎을 덮었던 부끄럼 많던 그 소녀를. 아름다운 음악과 나의 아름다운 선생님을 추억하는 마음은 변하지 않았지만, 그때의 소녀를 찾을 수 없는 지금, 달라진 외모와 세상을 받아들이는 인식이 달라진 내가 《사계》속의 봄 여름 가을 겨울을 혼자 건너고 있었다.

진행자가 클래식 콘서트를 진행하며 소개한 작곡가와 곡 중에 기억에 남는 게 몇 있었다. 곡이 끝난 줄 알았는데 이어지고 또 끝인가 싶어서 박수를 쳤는데 곡이 이어지던 하이든의 〈농담〉. 익히 알고 있던 곡이지만 작곡가를 잊고 있었던 〈결혼행진곡〉을 쓴 멘델스존. 6살 때 청혼을 했던 모차르트의 실내악인 〈아이네 클라이네 나흐트무지크〉. 거의 모든 곡을 귀가 들리지 않았을 때 썼다는 베토벤. 그 가 쓴 아름다운 곡이 차량의 후진 때와 쓰레기 수거차량의 음악이어서 우리나라에서는 이 곡을 모르는 사람이 없을 거라고 씁쓸한 웃음을 짓게 한 〈엘리제를 위하여〉. 사람이 죽으면 모래를 뿌리는 러시아 풍습이 있는데, 이 음악의 끝은 모래를 뿌리는 장면을 묘사한 것이라는 차이콥스키 현악 4중주 14번 〈비창〉은 음악을 잘 아는 사람도 음악에 취하여 끝인 줄 알고 박수를 수없이 보낸다고 해서 '갈 데 까지 가는 음악'이라고까지 불린다고 했다.

음악가의 설명과 음악에 얽힌 일화를 곁들인 클래식 콘

서트가 끝나자 나는 이상한 느낌의 벅차오름이 몸에 가득했고 눈물이 났다. 할 수 없었던 일을 해냈다는 느낌도 받았다. 음악이 흘렀던 4시간의 길고도 짧은 여행. 음악 속의 오솔길을 걸으며 나만의 시간을 보낼 수 있었던 것에 대한 감사의 눈물이기도 했다. 집에 돌아가면 아무리 바빠도 나만의 시간을 꼭 가져야지. 피곤을 몸에 달고 있는데 그 피곤함이 정말 몸 쓰는 일이 많아서 생긴 것인지, 아니면 일상의 작은 일을 스트레스로 받아들이는 내 습관이나 성격에서 오는 피곤함인지 파악해야지. 아등바등하지 말아야지, 이런 생각을 했다.

콘서트에 와서 내 자리에 앉기 전까지 나는 얼마나 마음이 복잡했던가. 콘서트를 마치고 집에 가면 밀려 있는 집안일을 할 것이고, 가족의 늦은 식사를 챙길 때 내게로 쏟아지는 불평이나 원망을 감내해야 한다는 생각에 마음이 불편했었다. 그러나 콘서트를 마쳤을 때는 그런 생각들이 아무 문제가 되지 않음을 알았다. 그건 음악을 들을 때 나에게로 훅, 들어온 깨달음 같은 것이었다. 가령, 나도 휴식이 필요하고 하기 싫으면 안 할 수도 있으며 비난이나 원망을 상처 받지 않고 받아들일 수 있는 마음이 생긴 것 같았다. 그러자 내 마음은 참 편안했고 위로를 받았다는 느낌이 들었다. 음악이 듣는 사람의 태도도 변화시킬 수 있음을 알았다. 음악을 감상하던 시간으로 인해 내가 삶을 대하는 방식이 변하고 있었기 때문이다. 그러므로 앞으로 음악을 들을 내 마음의 지도가 달라질 것은 분명했다.

돌에
그린
그림

아버지가 나뭇짐 지게를 등에 질 때 지게 뒤에서 살짝 들어주는 일과, 세운 나뭇짐을 엄마가 머리에 이기 좋게 앞으로 엎드리면 나뭇짐 아랫단을 살짝 들어주는 일을 하기 위해 아버지 엄마를 따라 산에 나무를 하러 가곤 했다. 그날은 뿌리 뽑힌 나무둥치에서 기와 조각을 발견했다. 예쁜 연꽃무늬가 있는 깨진 돌도 발견했다. "이곳은 절터*다"라는 말에 나는 눈빛을 반짝이며 그 주위를 발굴하기 시작했다. 바람에 서걱이는 마른 수풀을 뒤지고 녹은

* 김해 신어산 영운암

땅을 팠다. 더 이상 발견한 유물은 없었지만, 그때부터 사찰이나 폐사지에 가면 석등 하대석의 연꽃무늬를 살펴보고 단청의 무늬를 오래오래 올려다보았다. 대웅전 외벽에 그려진 그림과 대웅전으로 오르는 계단에 새겨진 그림(조각)들을 좋아했다.

중등학교 시절, 역사와 사회과목 시험을 치면 거의 낙제에 가까운 점수를 받았다. 한국어로 쓰인 외국어 같은 느낌의 과목이었다. 그래도 내가 흥미를 가지고 한 단원씩 따라갔던 이유는 선생님이 역사 이야기를 재미있고 실감나게 해 주신 덕분이었다. 선생님의 이야기에서 나는 구석기 시대의 동굴 속에서 배고픔에 떨고 있는 키 작은 '나'를 만나기도 했고, 빗살무늬토기에서 곡식을 꺼내 밥을 짓는 엄마를 지금의 엄마와 겹쳐 만나기도 했다. 사냥한 짐승을 절벽쪽으로 몰고 가서 떨어뜨리는 아버지를 만나기도 했다.

어느 단원에선가 돌에 새겨진 그림, 암각화가 나왔다. 국가보물 285호. 선생님이 선사시대 사람들의 삶과 협동, 돌에 그림을 그리게 된 동기와 그림의 의미를 이야기할 때, 나는 한 편의 긴 서사시를 듣는 듯했다. 부족 사람들이 왁자하게 모이고 아이들도 웃으며 모이고 풍족한 사냥이

로맨스보다
예술

되게 해달라고 조용히 제사를 올리는 모습, 어른들이 모여 바위에 그림을 그리는 장면이 파노라마처럼 펼쳐졌다. 아버지가 쪼던 그림을 아들이 받아 다시 쪼는 장면, 사람들이 힘을 합쳐 문제를 해결하는 협동의 순간이 펼쳐지는 이야기였다. 나에게 역사와 사회 과목은 여전히 외국어처럼 어려웠지만 재미있는 서사가 가득한 책으로 여겨졌다.

나중에 어른이 되면 꼭 이 그림을 보러 가야지 다짐했다. 수업 시간에 들었던 강렬한 이야기가 내 기억 속에, 내 몸속에, 내 정신의 어딘가에 저장되었을 것이라고 믿었다. 선사시대의 궁핍과 사랑과 두려움이 내 DNA에 저장되어 있기에, 배고픔에 대해 민감하게 반응하고 가난에 대해 유독 큰 두려움을 느끼는 것이라고 생각했다. 암각화 그림을 보러 가면 동굴 속에서 웅크리고 있던 키 작고 겁 많은 선사시대의 '나'를 만날 수 있을 것만 같았다.

고등학교를 갓 졸업한 어느 겨울, 나는 결국 바위에 새겨진 그림을 보러 갔다. 어떤 입김이 나를 그곳으로 이끌었는지, 어떤 발걸음이 나를 붙잡고 그곳으로 안내했는지는 알 수 없었으나, 그곳 바위그림을 본다면 어렴풋하던 내 삶의 지도 위에 뚜렷한 길이 생길 것 같았다. 바위에 새

강
미정

겨진 그림에 대한 정보는 역사 교과서에서 배운 것 외에 아는 것이 없었지만, 현장에 가서 그 웅장한 그림을 직접 볼 수 있다면, 수천 년의 시간을 버티고 있는 그 그림을 내 손으로 한번 쓰다듬을 수 있다면, 뭔가 해결되지 않고 있던 나의 고민이 뚫릴 것 같았다. 내가 가진 현실적인 문제를 푸는 실마리를 얻을 것 같아 내 딴에는 제법 절실한 마음으로 찾아간 곳이었다.

암각화가 어디에 있는지 묻는 내게 동네 어르신은 저기 보이는 곳이 암각화라고 했는데, 손가락이 가리키는 곳은 갈대와 덤불이 엉켜있고 마른 강폭 너머에 바위가 병풍처럼 펼쳐져 있었다. 사위는 땅거미가 밀려오고 내가 돌아가야 할 길이 아득한 것처럼, 아득하게 먼 암각화는 불그레한 저녁 햇살에 잠겨 가물가물했다. 만약 그때, 돌아갈 버스가 끊어지면 어쩌나 조바심쳤던 마음을 과감하게 툭, 분지르고 가시덤불을 헤치며 거대한 암각화 병풍을 마주했더라면, 나는 나의 문제를 해결했을까? 나에게 어떤 질문을 던지고 어떤 결심을 했을까? 눈길만 주고 만져보지 못한 그림은 내 마음속에서 도드라지며 나를 자꾸 암각화 쪽으로 끌어당겼다.

그 후 10여 년이 지난 1990년대 겨울, 동인들과 암각화를 다시 찾았다. 아주 추운 날이었다. 수북하게 우거진 풀더미와 가시덤불을 헤치고 물길이 돌아나가다 얼어버린 곳에서 거대한 돌에 새겨진 그림을 만났다. 고개를 힘껏 빼 올려도 다 보이지 않는 높이 4미터, 폭 10미터의 어마어마하게 큰 화폭을 보고 모두 탄성을 질렀다. 선명하게 새겨진 수많은 동물 그림과 흐릿하게 마모되고 있는 그림들이 화폭을 채우고 있었다. 나는 손이 닿는 곳의 그림을 하나하나 쓸어 보았다. 손이 닿지 않는 곳에는 고래가 모여 헤엄치고 있었고, 어미 고래가 아기 고래를 등에 업고 헤엄치는 그림도 있었다. 고래가 헤엄쳐 가는 그림 위에는 거북과 사람의 형상이 새겨져 있었다. 뿔이 둥글게 휘어진 산양과 호랑이, 표범, 사슴, 그물도 있었다. 삼각형으로 새긴 사람 얼굴 형상과 노루처럼 생긴 그림에는 누군가 탁본을 했는지 표면이 검어서 움푹 파인 그림의 형상은 더욱 선명해 보였다.

시간이 멈춘 듯한 암각화의 그림들을 하나하나 오래오래 눈에 담으며, 벽면을 파내고 깎고 긁어서 만든 그림들을 한 번 더 천천히 만져보았다. 손끝에서 그림이 꿈틀, 움직이는 것 같았다. 이 바위그림이 보고 싶어 10여 년 목말

라했던 나에게는 손끝으로 찌릿하게 전해오는 이상한 느낌은 당연한 것 같았다. 선사시대, 약 7000년 전이라는 시간적 흐름은 내가 살아온 오륙십 년의 햇수로는 도저히 가늠조차 되지 않지만, 선사시대 사람들이 그림을 그리기 위해 돌을 찧고 돌을 문지르고 돌을 긁는 소리가 환청처럼 내 귀에서 웅웅거렸다. 그때 24장짜리 일회용 카메라로 촬영해 온 암각화의 사진을 보면 지금도 그 시대의 소리까지 찍힌 것 같은 느낌이 든다.

미술이라는 예술의 태동은 일상생활에서 간절히 염원하던 것이 밖으로 드러나 보이게 된 것이라는 생각을 했다. 한 사람 한 사람의 마음이 품어 온 간절한 기도가 그림이 되고 조각이 되었을 거라고. 그렇게 영혼이 되는 것이라고. 그토록 절실하게 보고 싶었던 암각화의 그림은 나에게로 와서 나의 무엇이 되었는지 아직은 잘 모르겠다. 다만 내 마음이 오래도록 품고 상상해 온 것이 내 삶의 길을 열고 내 자신을 가만히 응시하며 내 부족함을 스스로 알게 하는 것이라고 믿는다.

이 글을 쓰기 위해 다시 찾은 암각화는 강물이 휘도는 곳에 그대로 있었으나, 처음 그림을 마주했을 때처럼 가까

234

이 가서 만져보거나 쓰다듬을 수는 없었다. 암각화 박물관에는 실물 크기의 암각화 복제품을 관람할 수 있고, 실물은 망원경으로만 감상할 수 있었다. 암각화는 댐으로 인해 일 년에 100일 정도 물에 잠겨 있으며 한번 잠겼다가 수면 위로 노출될 때마다 심각하게 훼손되어 조각이 흐릿하단다. 그러나 수천 년이 흘러도 지금까지 남아 있는 이 바위그림은, 절실하게 보고 싶었던 내 20대와 만지고 쓰다듬으며 희열감에 휩싸였던 30대를 넘어 아련한 시간을 살아내며 내 마음에서는 아직도 짙고 풍요롭게 길을 내고 있다. 그 길, 선명한 시간을 살고 있다. 이제는 동굴 속에서 웅크리고 있던 키 작고 겁 많던 선사시대의 어린 '나'를 만나면 괜찮다고 토닥토닥 등을 쓰다듬어주고 꼭 껴안아 줄 수 있을 것 같다.

이야기를
노래함
- 노동요

이모작을 하는 논에서 보리가 파릇하게 올라오는 이른 봄이나, 들판의 곡식을 거두는 추수철이 끝나고 보리갈이를 하기 전 늦가을 즈음에 동네 어른들은 관광버스를 빌려 회치*를 하러 갔다. 동네의 공동 악기인 장구와 북, 쟁과리, 징, 나팔을 챙기고 술과 음식을 챙겨 산속 깊은 골짜기나 관광명소를 찾아가서 함께 노래하고 함께 춤추며 놀았다. 산속 깊은 골짜기로 회치를 갈 때는 보통 봄이었는데, 즉석에서 돌과 흙을 개어 만든 아궁이에 솥뚜껑을

---

* 들놀이 회식을 일컫는 경상도 방언

걸쳐 놓고 진달래를 따서 찹쌀반죽 화전을 부쳐 먹기도 했다. 관광명소를 찾아가는 회치는 남녀노소 없이 동네 사람들 모두 버스를 타고 갔다. (걸을 수 없어서 남겨진 사람들에겐 음식과 술을 챙긴 찬합을 만들어 드렸다.) 가고 오는 동안, 좁은 버스 통로에서 어른들은 서로 어깨를 걸고 춤을 추었고 함께 노래를 불렀다. 박수를 치고 눈을 찡긋하면서 술을 나누었다. 당기는 손과 맞잡은 손을 흔들었고 작은 몸짓 하나로도 섭섭했던 응어리가 풀리는 걸 보았다.

어른들의 회치에서 잔심부름을 하였던 나는 어른들이 부르는 노래에 귀 기울였고 춤사위에 매료되어 바라보곤 했다. 동네 악기인 북 장구 꽹과리 징 소리가 사람들을 모으고, 함께 일하고 함께 노래하고 함께 춤추게 만드는 것을 지켜보며 나도 즐거워했다. 각각의 악기소리는 시끄러운 듯했으나 악기마다 자신의 소리를 한껏 내면서도 혼자 튀는 음을 내는 것이 아니었다. 악기마다 서로의 소리를 당기고 밀고 감싸며 스며들어 하나의 소리로 어우러졌다. 그 음악을 듣고 있으면 저절로 어깨가 들썩였고 고개가 끄덕끄덕 박자가 맞추어졌다.

그때는 내가 사물놀이나 풍물놀이를 알아서 고개를 끄

덕이며 박자를 맞춘 것은 아니었다. 다만 꽹과리 소리가 아주 낮게 다다다다 일어나면 뒤이어 장구 북 징이 일어나고 사람들이 일어나서 하나가 되는 것이 너무 신기했고, 악보도 없이 회오리바람처럼 순식간에 피었다가 퍼붓던 여름 소나기가 뚝 그치듯 소리가 오므라드는 것이 놀라웠다. 그렇게나 신나고 즐거운 풍물놀이 장단을 나중에 중학교 음악시간에 배웠다. 굿거리장단 자진모리장단 휘모리장단과 갱 개개 개개 갱 갱, 덩 덕쿵 더러 더 쿵 덕쿵 더러. 꽹과리와 장구의 장단은 어찌 그리 어려웠는지 장구채를 든 손과 손바닥으로 두드려야 하는 손은 또 어찌 그리 따로 놀기만 했는지, 지금도 그 생각을 하면 고개가 절래절래 저어진다.

정월 대보름이 되면 집집마다 지신밟기를 하며 풍물놀이 하는 것을 시작으로 마을엔 서너 달에 한 번씩 풍물이 울렸다. 어쩌다가 동네에 초상이 나면 상여놀이 풍물도 울렸다. 그 중에서도 가장 재미있었던 풍물놀이는 모내기할 때였다. 동네 어른들이 동네에서부터 모내기하는 논까지 풍물을 놀며 도착해서 한바탕 더 신나게 놀고 난 뒤, 악기를 논두렁에 두고 논에 들어가서 모를 심었다. 우리 집 모내기를 할 때 나와 동생은 못줄을 잡았고 아버지는 모를 쪄서 묶어놓은 것을 논에 듬성듬성 던져 놓았다. 엄마는 모를 심다가 참이나 밥을 하러 갔다. 못 줄은 논 이쪽과 논 저쪽에서 동생과 함께 잡고 있다가 사람들이 못 줄 앞에서 줄 맞추어 모를 심고 나면 못줄을 옮겼다. 사람들은 다시 줄 맞추어 모를 심었는데, 못줄 맞추는 일이 조금 느리거나 조금 빠르면 모심기 노래를 선창하는 분이 노래로 말을 했다.

'못줄 꽂아놓고 어데 갔노', 선창하면 '바지에 살 수 없어 오줌 누러 갔소', 노래를 받고 모래가 많은 논에 모내기를 할 때는 '이집 논은 써레질을 안했나?' 노래를 주면 '이집에 모심다가 손가락이 부러지겠소', 노래를 받았다. 밥 때가 되어도 밥이 안 오면 '오늘 모내기 하는데 밥하러 간 사람은 추수해서 밥하나', 노래를 주고 '배고파서 모낼 힘도 없다 누워야겠다', 노래를 받았다. 그때그때 부딪치는 상황에 따라 즉석에서 노래가 만들어지고 만들어진 노래는 곧바로 주고받았다. 그러다가 합창으로 유행하는 가요를 부르기도 하고 가요를 즉석에서 개작하여 부르기도 했다. 내가 어려서 이해하지 못할 이야기를 어른들은 노래로 주고받으면서 웃음이 와르르 피고 졌다. 끊이지 않는 웃음

속에는 어른들만의 은어로 음담패설을 주고받았을지도
모를 일이었다. 중간 중간에 나보고 귀를 막으라고 하셨으
니. 나도 못줄을 논두렁에 꽂아놓고 귀를 막고 뜻도 모른
채 웃기도 했으니.

엄마와 어린 내가 딸기밭에 김을 매는데 "쳐들어오는
오랑캐는 이겨도 이놈의 풀은 못 이기겠다" 엄마가 한탄
을 노래에 얹었다. 이렇게 연약하고 잘 뽑히는 풀을 엄마
는 왜 못 이긴다고 할까, 오랑캐는 모르지만 전쟁이 나면
적군이 더 무섭지 이깟 풀이야 무서울까. 어린 나는 생각
했다. 그러나 봄방학 여름방학 일요일마다 엄마 따라 김매
러 다니며 풀이 얼마나 잘 자라는지 알게 되었다. 풀을 매
고 돌아서면 풀이 났다. 정말 쳐들어오는 오랑캐는 이겨도
이놈의 풀은 못 이기겠다고, 손바닥만 한 채마밭을 가꾸면
서 엄마가 했던 한탄을 나도 했었다. 그때는 풀이 그렇게
나 긴 혀를 가진 줄을 몰랐었다. 풀의 긴 혀는 마치 가난하
고 배고픈 우리가 밥그릇을 달달 긁으며 먹어치우는 밥처
럼, 땅을 다 먹어치울 기세로 초록이 되었다.

엄마는 김매면서 자주 노래를 불렀다. 덥고 힘들 땐 호
미로 땅을 두드리며 가곡도 부르고 가요도 부르고 구지가

도 외우고 황조가도 외웠다. 엄마의 그 목소리가 무척 슬프고 묵직하니 아팠는데 중학생이었던 나는 엄마가 부르는 노래를 울음으로 해석하기도 했다. 마음속에는 내가 못 가는 장소가 있다고, 엄마는 지나가는 말처럼 혼자 말하기도 했다. 엄마가 못 가는 장소가 어디일까 궁금했고 외갓집이구나, 엄마도 엄마가 보고 싶은 거구나, 나는 때 이른 철이 들고 있었다. 엄마의 노랫소리는 결 곱게 삭은 또 다른 노래가 되기도 했다.

언젠가 산행을 할 때 가파른 고갯마루에서 '할딱고개여 너무 힘들구나', 하고 노래 부르듯 한탄을 했는데, 앞에 가던 동료가 '함께 오르니 덜 힘들구나', 하고 노래로 받았다. 그러면서 이런 것도 노동요가 될 거라고 웃었다. 육체적인 고통을 덜어주고 지루함을 달래주니 노동요가 맞다 우기기도 했다. 혼자서 부를 수도 있고 집단으로 부를 수도 있으니 노동요가 맞는 것이다. 힘을 합쳐 부르는 노래. 고단할 때 부르는 노래. 힘들 때 부르는 노래. 할아버지 할머니의 노래를 전해 받아 새로운 의미를 얹어 노래를 불러 준 아버지 어머니의 노래를 나도 간직하게 되었다. 일의 고단함도 삶의 괴로움도 잠시 잊고 함께 불렀던 노래, 노동요. 지금도 풍물놀이 지신밟기 상여놀이 풍물 소리가 들리면 몸이 들썩거린다. 아버지가 꽹과리를 치며 사람들을 일으키고 선창을 하며 노래를 이끌던 그 아득한 어린 시절이 어제처럼 훤할 때가 있다. 내가 사랑했던 당신의 영혼을 이렇게 글로 증명할 때도 있다.

할매보살의
미소

경주의 옥룡암 골짜기에 있는 경주 탑곡 마애불 상군을 찾아가는 길이었다. 나무가 그림자를 뽑아 길 가득 그림을 그리고 있었다. 나무 그림자가 짙을수록 볕이 뜨거운 유월이었다. 산을 등지고 내려다보며 땀을 식히는데, 삼국유사에서 읽은 글이 떠올랐다. '월명스님이 달밤에 사천왕사 문 앞의 큰길을 젓대(피리)를 불며 걸어갔다. 그 소리에 달은 가던 길을 멈추었다. 그 길을 월명길이라 불렀다.' 월명스님이 불렀다는 피리소리가 얼마나 아름다웠으면 달이 가던 길을 멈추었을까. 나도 가던 길을 멈추고 월명스님이 피리를 불며 걸어갔다던 길을 굽어본다. 마주 보이는 저 길을 옛날 신라인들은 월명길이라 불렀구나, 생각하며 바라보았다. 지금은 피리소리도, 가던 길을 멈추었다는 달도 보이지 않는 뜨거운 한낮이라서 바람 한 점 없이 길은 절절 끓고 있다. 간간이 통일전과 경북 천년숲정원을 빠져나온 자동차 경적음이 월명스님의 피리소리인양 들렸다.

문화재에 대한 지식도 없이 초행길의 암자를 찾아 풀을 헤치며 경주 탑곡 마애불상군에 도착했을 때, 9미터가 넘는 커다란 돌에 새겨진 벽화가 내 눈을 사로잡았다. 유려한 필체로 꼼꼼하게 그림을 그린 듯했다. 돌의 사방은 입체감을 살려 새긴 불상과 그림으로 가득해서 그 광경을 보고 놀라지 않을 수 없었다. 동서남북에 불상을 새긴 사방불이었다. 돌에 새긴 그림이 붓으로 그린 그림처럼 선명했다. 그때는 돌 깎는 기계도 없었을 건데, 신라의 석공들은 어떻게 이 단단한 화강암에 그림을 새겨 넣으며 부처를 꺼냈을까. 그들이 이루고자 했던 믿음과 예술혼이 시공을 뛰어넘어 존재하는 것이 신비롭고 신성해서 감히 발걸음도 조심스러웠다.

경주 탑곡 마애불상군 북쪽 면에는 구층탑과 칠층탑이

새겨져 있고 탑 아래 사자가 각각 한 마리씩 있었다. 돌에 새겨진 탑은 황룡사지에서 보았던 황룡사 9층탑과 닮았다. 이 그림은 몽골군의 침략 때 흔적조차 남지 않고 불타버린 황룡사 목탑의 전형이 되었다고 한다. 동면엔 비천상과 삼존불이 있고 보리수나무가 있고, 남면에는 여래 입상과 삼존불이 있었다. 이 삼존불의 입술에 붉은 채색의 흔적이 있다는 것을 나중에 내가 '입술 붉은 부처'를 찾아 경주 남산을 오르내리던 중에 알게 되었다.

남면의 여래 입상불 발아래에 김이 오르는 찻잔이 놓여 있었다. 누굴까. 두 손을 모으고 합장한 후 김 오르는 차를 찻잔에 조심히 따랐을 경건한 손, 찻잔에 차를 따라 쏟아지지 않게 부처님 발아래에 살며시 놓았을 손. 그분은 탑돌이를 하고 있었다. 매일 이른 아침에 이곳에 와서 부처님께 차를 올리고 탑돌이를 한 뒤 집으로 돌아간다고 했다. 구김 없는 인상을 가진 그 분의 경건함과 부지런함과 믿음에 고개가 숙여졌다. 2000여 년의 시공을 넘나들며 뜨거운 차를 받으시는 부처님과 뜨거운 차를 올리는 공손한 손이 뇌리에서 떠나지 않았다.

10여 년 전, 신문에서 입술이 붉은 부처가 경주에 있다는 것을 읽고 경주 남산을 오르내리기 시작했다. 그때는 내 삶이 태풍 속에 있었다. 나의 태풍은 사춘기의 아이들과 치매를 앓는 시어머니, 시댁간의 불화 그리고 내가 이겨내야 하는 몹쓸 병이었다. 이 모든 것이 동시다발로 일어나 폭풍우처럼 세차게 몰아쳤다. 그래서 태풍에 집중할 수밖에 없었고 건강을 되찾기 위해서 쉬지 않고 매일 걸어야 했다. 힘겨움을 나누고 용기와 위로를 받고 싶어서 가족들에게 나의 이야기를 꺼내면, 누구나 다 그런 힘듦을 가지고 있다며 묵살을 당하고 비난을 받았다. 때로는 가족이라서 서로 마음을 더 힘들게 하고 더 큰 상처를 아무렇지도 않게 주고받았다. 그래서 혼자 묵묵히 걷기를 하며 '입술 붉은 부처'를 찾으려고 남산을 돌아다녔다. 그리고 어느 날 내 발길이 그냥 그곳으로 가서 멈추었다.

푸근한 할머니였다. 보는 순간 내 삶의 여러 어려웠던 일들이 툭 터지며 내가 나를 가로막으며 벽을 쌓고 있었었다는 작은 통찰이 눈물로 흘러내렸다. 아무 일도 아닌 것을 아무 것도 아닌 것을, 나는 그토록 세게 마음으로 쥐고 있었구나, 얼굴에 미소 한 장 얹으면 될 것을. 할머니는 그저 고개를 살짝 숙이고 살며시 미소를 짓기만 했다. 할머니 앞에서 얼마나 오래 얼마나 길게 소리 없이 울었을까. 내가 말하지 않아도 '다 안다 내가 다 안다' 그런 얼굴로 웃고 있었다. 무릎을 베고 누우면 빙그레 웃으며 투박한 손가락으로 내 머릿결을 빗겨주는 것 같았고, 힘내라고 내 어깨를 그 투박한 손으로 투덕투덕 두들겨주는 것 같았다. 하루하루를 살아내는 일상이 버겁고 좀처럼 나아질 기미가 보이지 않을 때도, 하소연할 곳이 없는 내 삶을 바라볼 때도 '할매부처'는 그저 그 자리에 묵묵하게 미소 짓고 앉아 있었다.

할머니 앞에 그냥 가만히 앉아 있기만 했는데도, 희한하게 마음속에선 내가 질문하고 내가 답하며 어려웠던 문제가 풀리기도 했다. 그래서 무언가 중대한 결정을 내려야 할 때도, 간절하게 이루어야 하는 기도가 있을 때도 그곳엘 찾아갔다. 집에 돌아갈 때는 마음이 씻은 듯 말끔했고, 마음은 새로움으로 가득 차서 어떤 비난에도 어떤 어려움에도 내 마음이 다치지 않고 잘 비켜갈 것 같았다. 어떤 날은 내가 말을 쏟아내지 않았지만, '그 때 당신을 붙잡고 내 불행을 술술 풀어놓았던 것 미안합니다.' '내 속이 너무 무거웠다는 것을 이제야 압니다.' '내 외로움을 당신에게 넘겨 불편하게 했습니다.' 이런 말을 혼자 하고 오기도 했다.

그것은 내 하소연을 핀잔 없이 진심으로 들어주고 위로해 준 몇 안 되는 지인에게 올리는 기도의 말이었다.

처음 '붉은 입술'을 상상하며 부처를 만나러 다닐 때, 신라의 석공들은 붉은 부처를 어떻게 돌 속에서 꺼냈을까, 붉은 무늬가 섞인 부분을 입술로 도드라지게 하고 부처의 얼굴을 새겼을까, 온갖 상상을 했었다. 나중에 불상에 대한 책과 자료들을 찾아보니 석굴암의 본존불에도 돌에 새긴 부처에 생명력을 불어 넣기 위해 입술에 채색을 한 흔적이 있고, 탑골 마애불상군의 남면의 삼존불의 가운데와 좌협시에도 입술을 채색한 흔적이 있으며, 승려 상에도 흔적이 남아 있다고 했다. 삼릉에서 남산을 오르는 길의 왼쪽으로 가파른 오르막을 오르면 돌기둥 같은 암벽에 새겨진 마애관음보살상에도 입술을 채색한 붉은색이 아직 남아 있다고 한다.(내가 볼 때도 입술이 붉어 보였다.)

'입술 붉은 부처'를 찾다가 할머니를 만났고, 그 후로 '우리 할머니'라고 부르며 나 혼자 이곳을 자주 찾았다. 마음이 고단하다는 사람을 만나면 함께 '할매보살'을 찾아가곤 했다. 친근하고 푸근한 얼굴과 고요한 미소를 보면 저절로 위안을 받게 되더라는 나의 경험을 얹어 '할매보살'을 지인에게 소개하면서 유독 많은 발길이 쌓였다.

마음이 무겁고 슬프고 아픈 사람을 만나면 소개해 주고 싶은 할매보살은 '감실부처'라고도 부른다. 남산에서는 가장 나이가 많은 부처라고 하니, 할매부처*가 맞다. 이 할머니 부처 입술에도 붉은 채색을 한 흔적이 남아 있다는데 내 눈으로는 구분할 수가 없었다. 옛 신라인들이 경주 남산의 석불에는 입술에 붉은 채색을 했기 때문에 '붉은 입술의 부처'가 남아 있다고 한다. 나는 또 입술이 붉은 부처를 찾아본다는 핑계로 남산을 많이 오르내릴 것 같다.

---

* 할매부처의 정식 명칭은 경주 남산 불곡 마애여래좌상이다. 보물 제198호. 약 6세기경에 만들어진 부처라고 한다.

로맨스보다 예술

세 여자의 예술 이야기

ⓒ 이운진, 김윤선, 강미정 2025

초판 1쇄 발행 2025년 11월 20일

지은이	이운진, 김윤선, 강미정
디자인	어나더페이퍼
제작	㈜공간코퍼레이션
펴낸곳	소월책방
출판등록	2022년 2월 14일 제2022-000063호
주소	06001 서울시 강남구 압구정로 151, 126-801
전자우편	sowolbooks@naver.com

ISBN 979-11-980447-5-4 03810

이 도서는 2025년 문화체육관광부의 '중소출판사 성장부문 제작지원' 사업의 지원을 받아 제작되었습니다.